Dieses Taschenbuch enthält in englisch-deutschem Paralleldruck zehn moderne amerikanische Kurzgeschichten...

– Ein junger Landarbeiter in Ohio zieht seinen älteren Kollegen ins Vertrauen: Seine Freundin erwartet ein Kind von ihm
– Ein armer Teufel hat seine kleine Tochter erschossen: sie hatte solchen Hunger
– Eine alte Dame in einer Stadt im Süden stirbt. Erst jetzt finden die neugierigen Mitbürger den fehlenden Puzzle-Stein ihrer Lebens- und Liebesgeschichte
– Ein Film-Autor in Hollywood war mal ganz groß gewesen. Aber heute? Die alten Kollegen und das aktuelle Starlet übersehen ihn geflissentlich
– Indianer bitten einen Arzt, der am Seeufer gegenüber wohnt, als Geburtshelfer in ihr Dorf
– Ein behindertes Kind wird zum erdrückenden Problem für eine Familie. Ist das mit Liebe zu bewältigen?
– Ein kleiner Junge wird von seinem Vater vor einer Kneipe in einer New Yorker Seitenstraße stehen gelassen
– Ein Farmer, Inbegriff eines amerikanischen Mannes, heiratet eine Tochter slawischer Einwanderer. Sie ist überwältigend schön, aber sehr sehr fremd
– Ein tusseliges älteres Mädchen mit Hündchen kriegt es im Auto und auf dem Fährschiff mit der Angst zu tun
– Ein Schiff mit Sträflingen sinkt auf dem Weg zur Gefängnis-Insel. Die Überlebenden gründen ein Staatswesen, das Jahrhunderte überdauert

... zehn moderne amerikanische Kurzgeschichten, die einfach großartig, einfach klassisch sind.

A ROSE FOR EMILY
AMERICAN SHORT STORIES

EINE ROSE FÜR EMILY
AMERIKANISCHE KURZGESCHICHTEN

Autoren: Sherwood Anderson, Erskine Caldwell,
William Faulkner, F. Scott Fitzgerald, Ernest Hemingway,
Katherine Anne Porter, William Saroyan, John Steinbeck,
James Thurber, Thornton Wilder

Übersetzer: Maria von Schweinitz, Theo Schumacher,
Annemarie Horschitz-Horst, Helga Huisgen

Deutscher Taschenbuch Verlag

dtv zweisprachig · Edition Langewiesche-Brandt
herausgegeben von Kristof Wachinger

Deutscher Taschenbuch Verlag GmbH & Co. KG, München
1. Auflage 1997. 3. Auflage Dezember 1999
Siehe bibliographische Notiz Seite 181
Copyright-Nachweise Seite 181 ff.
Umschlagkonzept: Balk & Brumshagen
Umschlagbild: Ausschnitt aus dem Gemälde
Long Island Landscape with Red Building von Fairfield Porter
Satz: W Design, Höchstädt Ofr.
Gesamtherstellung: Kösel, Kempten
Gedruckt auf säurefreiem, chlorfrei gebleichtem Papier
ISBN 3-423-09365-x. Printed in Germany

Ray Pearson and Hal Winters were farm hands employed on a farm three miles north of Winesburg. On Saturday afternoons they came into town and wandered about through the streets with other fellows from the country.

Ray was a quiet, rather nervous man of perhaps fifty with a brown beard and shoulders rounded by too much and too hard labor. In his nature he was as unlike Hal Winters as two men can be unlike.

Ray was an altogether serious man and had a little sharp-featured wife who had also a sharp voice. The two, with half a dozen thin-legged children, lived in a tumble-down frame house beside a creek at the back end of the Wills farm where Ray was employed.

Hal Winters, his fellow employee, was a young fellow. He was not of the Ned Winters family, who were very respectable people in Winesburg, but was one of the three sons of the old man called Windpeter Winters who had a sawmill near Unionville, six miles away, and who was looked upon by everyone in Winesburg as a confirmed old reprobate.

People from the part of Northern Ohio in which Winesburg lies will remember old Windpeter by his unusual and tragic death. He got drunk one evening in town and started to drive home to Unionville along the railroad tracks. Henry Brattenburg, the butcher, who lived out that way, stopped him at the edge of the town and told him he was sure to meet the down train, but Windpeter slashed at him with his whip and drove on. When the train struck and killed him and his two horses a farmer and his wife who were driving home along a nearby road saw the accident. They said that old Windpeter stood up on the seat of his

Sherwood Anderson: Die unterlassene Lüge

Ray Pearson und Hal Winters waren Landarbeiter, die auf einer Farm drei Meilen nördlich von Winesburg beschäftigt waren. Jeden Samstagnachmittag kamen sie zur Stadt und schlenderten mit anderen Burschen vom Lande durch die Straßen.

Ray war ein ruhiger, ziemlich sehniger Mann von vielleicht fünfzig Jahren, mit braunem Bart und Schultern, die von zu vieler und zu schwerer Arbeit gerundet waren. Seinem Wesen nach war er so verschieden von Hal Winters, wie zwei Menschen nur verschieden sein können.

Ray war ein ganz und gar ernster Mann und hatte eine kleine Frau mit scharfen Zügen, die auch eine scharfe Stimme hatte. Die beiden wohnten mit einem halben Dutzend dünnbeiniger Kinder in einem baufälligen Holzhaus am Rande eines Baches, am hinteren Ende der Wills-Farm, wo Ray beschäftigt war.

Hal Winters, der mit ihm zusammen arbeitete, war ein junger Bursche. Er gehörte nicht zur Familie Ned Winters, sehr angesehenen Leuten in Winesburg, sondern war einer der drei Söhne des alten Mannes, den man den ‹Windpeter Winters› nannte, der sechs Meilen entfernt eine Sägemühle bei Unionville besaß und in ganz Winesburg als verstockter alter Sünder galt.

In Nord-Ohio, in der Gegend von Winesburg, erinnert man sich noch an den alten Windpeter, und zwar wegen seines ungewöhnlichen und tragischen Todes. Er betrank sich eines Abends in der Stadt und trat dann die Heimfahrt nach Unionville auf dem Eisenbahndamm an. Henry Brattenburg, der Metzger, der dort draußen wohnte, hielt ihn an der Stadtgrenze an und warnte ihn: er würde bestimmt dem in Richtung Stadt fahrenden Zug begegnen; aber Windpeter schlug mit der Peitsche nach ihm und kutschierte weiter. Als der Zug ihn erfasste und ihn und seine beiden Pferde tötete, kam ein heimfahrender Bauer mit seiner Frau auf einer nahen Straße daher und sah das Unglück. Sie sagten, der alte Windpeter habe auf dem Sitz seines Wagens ge-

wagon, raving and swearing at the onrushing locomotive, and that he fairly screamed with delight when the team, maddened by his incessant slashing at them, rushed straight ahead to certain death. Boys like young George Willard and Seth Richmond will remember the incident quite vividly because, although everyone in our town said that the old man would go straight to hell and that the community was better off without him, they had a secret conviction that he knew what he was doing and admired his foolish courage. Most boys have seasons of wishing they could die gloriously instead of just being grocery clerks and going on with their humdrum lives.

But this is not the story of Windpeter Winters nor yet of his son Hal who worked on the Wills farm with Ray Pearson. It is Ray's story. It will, however, be necessary to talk a little of young Hal so that you will get into the spirit of it.

Hal was a bad one. Everyone said that. There were three of the Winters boys in that family, John, Hal, and Edward, all broad-shouldered big fellows like old Windpeter himself and all fighters and woman-chasers and generally all-round bad ones.

Hal was the worst of the lot and always up to some devilment. He once stole a load of boards from his father's mill and sold them in Winesburg. With the money he bought himself a suit of cheap, flashy clothes. Then he got drunk and when his father came raving into town to find him, they met and fought with their fists on Main Street and were arrested and put into jail together.

Hal went to work on the Wills farm because there was a country school teacher out that way who had taken his fancy. He was only twenty-two then but had already been in two or three of what were spoken of in Winesburg as "women scrapes". Everyone who heard of his infatuation for the

standen und auf die heranbrausende Lokomotive geflucht und tatsächlich in wilder Freude geschrien, als das Gespann, toll gemacht durch die unaufhörlichen Peitschenhiebe, geradewegs in den sicheren Tod raste. Jungen wie George Willard und Seth-Richmond werden sich des Unfalls lebhaft erinnern – denn wenn auch jeder Mensch in unserer Stadt sagte, der Alte werde direkt zur Hölle fahren, und die Gemeinde sei besser dran ohne ihn, so waren sie doch insgeheim überzeugt, dass er gewusst habe, was er tat, und bewunderten seinen tollkühnen Mut. Die meisten Jungen haben so ihre Zeiten, da sie lieber glorreich sterben möchten, als im Büro eines Kolonialwarenhändlers ihren langweiligen Alltag dahinzuleben.

Doch dies ist nicht die Geschichte von Windpeter Winters, und noch nicht einmal die seines Sohnes Hal, der zusammen mit Ray Pearson auf der Wills-Farm arbeitete. Es ist Rays Geschichte. Es wird jedoch notwendig sein, etwas von Hal zu berichten, damit Sie den Sinn der Geschichte verstehen.

Hal war ein Taugenichts. Das sagte jeder. Drei Söhne gab es in dieser Wintersfamilie, John, Edward und Hal, lauter breitschultrige, große Kerle wie der alte Windpeter selbst, und alle waren Raufbolde und Schürzenjäger und durch und durch schlechte Kerle.

Hal war der schlimmste von ihnen, und immer auf eine Teufelei aus. Einmal stahl er in der Sägemühle seines Vaters eine Ladung Bretter und verkaufte sie in Winesburg. Von dem Geld kaufte er sich einen billigen, grellbunten Anzug. Dann betrank er sich, und als sein Vater wutschnaubend zur Stadt kam, um ihn zu suchen, trafen sie sich in der Hauptstraße und schlugen mit Fäusten aufeinander ein und wurden verhaftet und zusammen ins Gefängnis gesteckt.

Hal ging auf der Wills-Farm arbeiten, weil dort eine Dorfschullehrerin war, in die er sich verliebt hatte. Er war damals erst zweiundzwanzig, war aber schon zwei- oder dreimal in «Weibergeschichten», wie man in Winesburg sagte, verwickelt gewesen. Jederman, der etwas von seiner Verliebtheit in die Lehrerin hörte, prophezeite, dass es

school teacher was sure it would turn out badly. "He'll only get her into trouble, you'll see," was the word that went around.

And so these two men, Ray and Hal, were at work in a field on a day in late October. They were husking corn and occasionally something was said and they laughed. Then came silence. Ray, who was the more sensitive and always minded things more, had chapped hands and they hurt. He put them into his coat pockets and looked away across the fields. He was in a sad distracted mood and was affected by the beauty of the country. If you knew the Winesburg country in the fall and how the low hills are all splashed with yellows and reds you would understand his feeling. He began to think of the time, long ago when he was a young fellow living with his father, then a baker in Winesburg, and how on such days he had wandered away to the woods to gather nuts, hunt rabbits, or just to loaf about and smoke his pipe. His marriage had come about through one of his days of wandering. He had induced a girl who waited on trade in his father's shop to go with him and something had happened. He was thinking of that afternoon and how it had affected his whole life, when a spirit of protest awoke in him. He had forgotten about Hal and muttered words. "Tricked by God, that's what I was, tricked by life and made a fool of," he said in a low voice.

As though understanding his thoughts, Hal Winters spoke up. "Well, has it been worth while? What about it, eh? What about marriage and all that?" he asked and then laughed. Hal tried to keep on laughing but he too was in an earnest mood. He began to talk earnestly. "Has a fellow got to do it?" he asked. "Has he got to be harnessed up and driven through life like a horse?"

Hal didn't wait for an answer but sprang to his feet and began to walk back and forth between the

schlecht ausgehen werde. «Er wird sie bloß ins Unglück stürzen, passt nur auf» – so redete man darüber.

Eines Tages gegen Ende Oktober arbeiteten die beiden Männer, Ray und Hal, zusammen auf dem Feld. Sie enthülsten die Maiskolben, und gelegentlich sprachen sie ein Wort und lachten. Dann herrschte wieder Schweigen. Ray, der empfindlicher war und alles ernster nahm, hatte rissige Hände, sie taten ihm weh. Er schob sie in seine Jackentaschen und blickte über die Felder hin. Er war in einer trüben Stimmung und ein wenig abwesend und beeindruckt von der Schönheit der Landschaft. Wenn Sie das Land um Winesburg im Herbst sehen könnten, die niedrigen Hügel alle mit gelben und roten Farben getupft, würden Sie sein Gefühl verstehen. Er begann an die alten Zeiten zu denken, als er noch ein junger Bursche war und bei seinem Vater lebte, der damals Bäcker in Winesburg war, wie er an solchen Tagen in die Wildnis hinaus gewandert war, um Nüsse zu sammeln und Kaninchen zu jagen, oder bloß um herumzustreifen und seine Pfeife zu rauchen. Seine Heirat war durch solch einen Wandertag zustande gekommen. Er hatte ein Mädchen, das Verkäuferin im Laden seines Vaters war, überredet, mit ihm zu gehen, und da war es eben passiert. Er dachte an jenen Nachmittag und wie der sein ganzes Leben beeinflusst hatte – und plötzlich erwachte sein Widerspruchsgeist. Er hatte Hal vergessen und sprach mit sich selbst. «Von Gott betrogen bin ich, jawohl, vom Leben überlistet und zum Narren gemacht!» sagte er leise.

Als hätte er seine Gedanken verstanden, fragte Hal Winters laut: «Na, und hat sich's gelohnt? Wie steht's damit, he? Wie steht's mit der Ehe und dem ganzen Kram?» So fragte er und lachte. Er versuchte weiter zu lachen, aber auch er war ernst gestimmt. Er begann ernsthaft zu sprechen: «Muss man es tun, als Mann?» fragte er. Muss man sich ins Geschirr spannen und durchs Leben treiben lassen wie ein Pferd?»

Hal wartete keine Antwort ab, er sprang auf die Füße und fing an, zwischen den Maisgarben hin und her zu ge-

corn shocks. Bending down suddenly he picked up an ear of the yellow corn and threw it at the fence. "I've got Nell Gunther in trouble," he said. "I'm telling you, but you keep your mouth shut."

Ray Pearson arose and stood staring. He was almost a foot shorter than Hal, and when the younger man came and put his two hands on the older man's shoulders they made a picture. There they stood in the big empty field with the quiet corn shocks standing in rows behind them and the red and yellow hills in the distance, and from being just two indifferent workmen they had become all alive to each other. Hal sensed it and because that was his way he laughed. "Well, old daddy," he said awkwardly, "come on, advise me. I've got Nell in trouble. Perhaps you've been in the same fix yourself. I know what every one would say is the right thing to do, but what do you say? Shall I marry and settle down? Shall I put myself into the harness to be worn out like an old horse? You know me, Ray. There can't any one break me, but I can break myself. Shall I do it or shall I tell Nell to go to the devil? Come on, you tell me. Whatever you say, Ray, I'll do."

Ray couldn't answer. He shook Hal's hands loose and turning walked straight away toward the barn. He was a sensitive man and there were tears in his eyes. He knew there was only one thing to say to Hal Winters, son of old Windpeter Winters, only one thing that all his own training and all the beliefs of the people he knew would approve, but for his life he couldn't say what he knew he should say.

At half-past four that afternoon Ray was puttering about the barnyard when his wife came up the lane along the creek and called him. After the talk with Hal he hadn't returned to the corn field but worked about the barn. He had already done the evening chores and had seen Hal, dressed and ready

hen. Auf einmal beugte er sich nieder, hob einen gelben Maiskolben auf und warf ihn gegen den Zaun. «Ich habe Nell Gunther verführt», sagte er. «Dir kann ich's sagen, du hältst ja wohl den Mund?»

Ray Pearson stand auf und schaute ihn groß an. Er war fast einen Fuß kleiner als Hal, und als der Jüngere kam und dem älteren Mann die Hände auf die Schultern legte, sah es seltsam aus. Da standen sie auf dem weiten leeren Feld mit den stillen Garben reihenweise hinter ihnen und den roten und gelben Hügeln in der Ferne, und waren aus zwei gleichgültigen Arbeitern plötzlich füreinander lebendige Menschen geworden. Hal spürte es, und weil es so seine Art war, lachte er. «Nun, alter Freund», sagte er verlegen, «jetzt gib mir einen Rat. Nell wird ein Kind kriegen. Vielleicht bist du in der gleichen Klemme gewesen. Ich weiß, was jetzt alle Leute für meine Pflicht halten – aber was sagst *du*? Soll ich sie heiraten und sesshaft werden? Soll ich mich selbst einspannen, um mich verbrauchen zu lassen, wie'n altes Pferd? Du kennst mich, Ray. Mich macht keiner kirre, höchstens werde ich freiwillig zahm. Soll ich's – oder soll ich Nell sagen, sie kann sich zum Teufel scheren? Komm, Alter, sag's mir. Was du mir jetzt sagst, Ray, das werde ich tun!»

Ray konnte nicht antworten. Er schüttelte Hals Hände ab, machte kehrt und ging auf die Scheune zu. Er war ein Mensch mit Herz, und ihm standen die Tränen in den Augen. Er wusste, es gab nur eine Antwort für Hal Winters, für den Sohn des alten Windpeter, nur eine, die seinen Erfahrungen und den Ansichten aller Leute, die er kannte, entsprach – aber um alles in der Welt konnte er nicht über die Lippen bringen, was sich, das wusste er, eigentlich zu sagen gehörte.

Noch um halb fünf trödelte er an jenem Nachmittag auf dem Hof herum; seine Frau kam den kleinen Fußweg am Bach herauf und rief nach ihm. Er war nicht aufs Feld zurückgegangen nach seinem Gespräch mit Hal, sondern hatte in der Scheune gearbeitet, die abendlichen Pflichten bereits erledigt und Hal gesehen, der sich für einen nächt-

for a roistering night in town, come out of the farmhouse and go into the road. Along the path to his own house he trudged behind his wife, looking at the ground and thinking. He couldn't make out what was wrong. Every time he raised his eyes and saw the beauty of the country in the failing light he wanted to do something he had never done before, shout or scream or hit his wife with his fists or something equally unexpected and terrifying. Along the path he went scratching his head and trying to make it out. He looked hard at his wife's back but she seemed all right.

She only wanted him to go into town for groceries and as soon as she had told him what she wanted began to scold. "You're always puttering," she said. "Now I want you to hustle. There isn't anything in the house for supper and you've got to get to town and back in a hurry."

Ray went into his own house and took an overcoat from a hook back of the door. It was torn about the pockets and the collar was shiny. His wife went into the bedroom and presently came out with a soiled cloth in one hand and three silver dollars in the other. Somewhere in the house a child wept bitterly and a dog that had been sleeping by the stove arose and yawned. Again the wife scolded. "The children will cry and cry. Why are you always puttering?" she asked.

Ray went out of the house and climbed the fence into a field. It was just growing dark and the scene that lay before him was lovely. All the low hills were washed with color and even the little clusters of bushes in the corners by the fences were alive with beauty. The whole world seemed to Ray Pearson to have become alive with something just as he and Hal had suddenly become alive when they stood in the corn field staring into each other's eyes.

The beauty of the country about Winesburg was

lichen Bummel in der Stadt umgekleidet und fertig gemacht hatte und aus dem Farmhaus gekommen und zur Straße hinüber gegangen war. Er trottete den kleinen Trampelpfad zu seinem Haus hinter seiner Frau her, sah zu Boden und dachte nach. Er kriegte nicht heraus, was eigentlich verkehrt war. Jedesmal, wenn er den Blick hob zu der Schönheit der Landschaft im dämmrigen Licht, spürte er den Drang, etwas zu tun, was er noch nie getan hatte, laut zu rufen oder zu schreien oder seine Frau mit Fäusten zu schlagen oder etwas anderes Überraschendes und Schreckliches. So ging er den Weg entlang und kratzte sich den Kopf und grübelte. Er sah den Rücken seiner Frau scharf an, aber sie schien nicht anders zu sein als sonst.

Sie hatte nur gewollt, dass er zur Stadt ginge, um Lebensmittel einzukaufen, und kaum hatte sie ihm gesagt, was sie brauchte, fing sie auch schon zu schelten an. «Immer trödelst du so rum», sagte sie, «jetzt beeil dich aber! Es ist nichts zum Abendessen im Haus, und du musst in die Stadt und zurück, aber schnell!»

Ray trat in sein Haus und nahm einen Mantel vom Haken hinter der Tür. Er war an den Taschen eingerissen, der Kragen war speckig. Seine Frau ging ins Schlafzimmer und kam gleich darauf heraus, ein schmutziges Tuch in der einen Hand und drei Silberdollars in der anderen. Irgendwo im Hause weinte ein Kind bitterlich, und ein Hund, der neben dem Herd geschlafen hatte, stand auf und gähnte. Wieder schalt die Frau. «Die Kinder werden die ganze Zeit schreien! Warum trödelst du immer so?» fragte sie.

Ray ging aus dem Haus und stieg über den Zaun auf das freie Feld. Es wurde gerade dunkel, und das Bild, das vor ihm lag, war sehr lieblich. All die niedrigen Hügel waren in bunte Farben getaucht, und sogar die kleinen Buschgruppen an den Ecken des Zauns waren lebendig vor Schönheit. Ray Pearson hatte das Gefühl, die ganze Welt wäre irgendwie lebendig, gerade so wie er und Hal Winters plötzlich füreinander lebendig geworden waren, als sie auf dem Maisfeld standen und sich in die Augen sahen.

An diesem Herbstabend war die Schönheit des Landes um

too much for Ray on that fall evening. That is all there was to it. He could not stand it. Of a sudden he forgot all about being a quiet old farm hand and throwing off the torn overcoat began to run across the field. As he ran he shouted a protest against his life, against all life, against everything that makes life ugly. "There was no promise made," he cried into the empty spaces that lay about him. "I didn't promise my Minnie anything and Hal hasn't made any promise to Nell. I know he hasn't. She went into the woods with him because she wanted to go. What he wanted she wanted. Why should I pay? Why should Hal pay? Why should any one pay? I don't want Hal to become old and worn out. I'll tell him. I won't let it go on. I'll catch Hal before he gets to town and I'll tell him."

Ray ran clumsily and once he stumbled and fell down. "I must catch Hal and tell him," he kept thinking and although his breath came in gasps he kept running harder and harder. As he ran he thought of things that hadn't come into his mind for years – how at the time he married he had planned to go west to his uncle in Portland, Oregon – how he hadn't wanted to be a farm hand, but had thought when he got out west he would go to sea and be a sailor or get a job on a ranch and ride a horse into western towns, shouting and laughing and waking the people in the houses with his wild cries. Then as he ran he remembered his children and in fancy felt their hands clutching at him. All of his thoughts of himself were involved with the thoughts of Hal and he thought the children were clutching at the younger man also. "They are the accidents of life, Hal," he cried. "They are not mine or yours. I had nothing to do with them."

Darkness began to spread over the fields as Ray Pearson ran on and on. His breath came in little sobs. When he came to the fence at the edge of the

Winesburg zuviel für Ray. Das allein war es. Er konnte sie nicht aushalten. Er vergaß plötzlich, dass er ein stiller alter Landarbeiter war, warf den zerrissenen Mantel hin und begann übers Feld zu laufen. Und beim Laufen schrie er seinen Protest gegen sein Leben laut hinaus – gegen alles Leben überhaupt, gegen alles, was das Leben hässlich macht. «Ich hatte doch nichts versprochen», schrie er in den leeren Raum, der vor ihm lag, «ich hatte meiner Minnie nichts versprochen, und Hal hat Nelly nichts versprochen. Das weiß ich. Sie ist mit ihm in den Wald gegangen, weil sie selbst es wollte. Sie wollte dasselbe wie er. Warum sollte ich dafür zahlen? Warum soll Hal dafür zahlen? Warum muss überhaupt einer dafür büßen? Ich will nicht, dass Hal alt und ausgemergelt wird. Ich will es ihm sagen. Ich will es nicht zulassen. Ich will Hal abfangen, bevor er zur Stadt geht und werde es ihm sagen.»

Ray rannte schwerfällig, und einmal stolperte er und fiel. «Ich muss Hal einholen und es ihm sagen», dachte er wieder und obwohl sein Atem schwer und stoßweise ging, rannte er immer schneller. Dabei dachte er an Dinge, die ihm jahrelang nicht in den Sinn gekommen waren – wie er um die Zeit, als er heiratete, eigentlich vorgehabt hatte, zu seinem Onkel nach Portland, Oregon zu gehen; wie er nicht Landarbeiter werden wollte, sondern, sobald er den Westen erreicht hätte, zur See gehen wollte und Seemann werden oder sich Arbeit auf einer Viehfarm suchen und zu Pferd in westliche Städte hineinreiten wollte, singend und lachend, mit seinen wilden Schreien die Leute in ihren Häusern aus dem Schlafe zu reißen. Er rannte und rannte und dachte an seine Kinder und spürte förmlich, wie ihre Hände nach ihm griffen. All seine Gedanken über sich selbst waren mit dem Gedanken an Hal verknüpft, und er meinte, die Kinder griffen auch nach dem jungen Burschen. «Sie sind die unglücklichen Zufälle des Lebens, Hal!» rief er. «Sie sind nicht deine oder meine Kinder. Ich hatte nichts mit ihnen zu tun.»

Die Dunkelheit begann sich über die Felder zu breiten, als Ray Pearson lief und lief. Sein Atem kam wie ein kurzes Schluchzen. Als er den Zaun am Straßenrand erreichte

road and confronted Hal Winters, all dressed up and smoking a pipe as he walked jauntily along, he could not have told what he thought or what he wanted.

Ray Pearson lost his nerve and this is really the end of the story of what happened to him. It was almost dark when he got to the fence and he put his hands on the top bar and stood staring. Hal Winters jumped a ditch and coming up close to Ray put his hands into his pockets and laughed. He seemed to have lost his own sense of what had happened in the corn field and when he put up a strong hand and took hold of the lapel of Ray's coat he shook the old man as he might have shaken a dog that had misbehaved.

"You came to tell me, eh?" he said. "Well, never mind telling me anything. I'm not a coward and I've already made up my mind." He laughed again and jumped back across the ditch. "Nell ain't no fool," he said. "She didn't ask me to marry her. I want to marry her. I want to settle down and have kids."

Ray Pearson also laughed. He felt like laughing at himself and all the world.

As the form of Hal Winters disappeared in the dusk that lay over the road that led to Winesburg, he turned and walked slowly back across the fields to where he had left his torn overcoat. As he went some memory of pleasant evenings spent with the thin-legged children in the tumble-down house by the creek must have come into his mind, for he muttered words. "It's just as well. Whatever I told him would have been a lie," he said softly, and then his form also disappeared into the darkness of the fields.

und vor Hal Winters stand, der fein heraus geputzt und Pfeife rauchend vergnügt daherkam, hätte er nicht mehr sagen können, was er gedacht oder was er überhaupt gewollt hatte.

Ray Pearson verlor den Mut, und das ist eigentlich das Ende der Geschichte von dem, was ihm geschah. Es war fast dunkel, als er den Zaun erreichte und die Hände auf die oberste Stange legte und Hal anstarrte. Hal Winters sprang über den Graben, kam dicht an Ray heran, steckte die Hände in die Taschen und lachte. Er schien vergessen zu haben, was sich auf dem Maisfeld zugetragen hatte, und als er seine kräftige Hand ausstreckte und Ray am Rockaufschlag fasste, schüttelte er den Alten, wie man einen Hund schüttelt, der sich schlecht aufgeführt hat.

«Du willst mir jetzt deine Meinung sagen, he?» fragte er. «Na – streng dich nicht an, sag lieber gar nichts. Ich bin kein Feigling, und ich habe mich schon entschlossen.» Er lachte wieder und sprang über den Graben zurück. «Nell ist nämlich gar nicht dumm», sagte er. «Sie hat mich nicht gebeten sie zu heiraten. Aber ich, ich möchte sie heiraten! Ich will sesshaft werden und Kinder haben.»

Auch Ray Pearson lachte. Ihm war zumute, als müsse er über sich selbst lachen und über die ganze Welt.

Als die Gestalt von Hal Winters in der Dämmerung verschwand, die über der Straße nach Winesburg lag, kehrte Ray um und schritt langsam über das Feld zurück bis zu der Stelle, wo er seinen zerrissenen Mantel gelassen hatte. Als er so dahinging, kam ihm die Erinnerung an ein paar gemütliche Abende in den Sinn, die er mit seinen dünnbeinigen Kindern in dem baufälligen Haus am Bach verlebt hatte, denn er murmelte vor sich hin. «Nun ja – ebenso gut. Was ich ihm auch gesagt hätte – es wäre doch eine Lüge gewesen», sagte er leise, und dann verschwand auch seine Gestalt im Dunkel der Felder.

At sunrise a Negro on his way to the big house to feed the mules had taken the word to Colonel Henry Maxwell, and Colonel Henry phoned the sheriff. The sheriff had hustled Jim into town and locked him up in the jail, and then he went home and ate breakfast.

Jim walked around the empty cellroom while he was buttoning his shirt, and after that he sat down on the bunk and tied his shoelaces. Everything that morning had taken place so quickly that he had not even had time to get a drink of water. He got up and went to the water bucket near the door, but the sheriff had forgotten to put water into it.

By that time there were several men standing in the jailyard. Jim went to the window and looked out when he heard them talking. Just then another auto- mobile drove up, and six or seven men got out. Other men were coming towards the jail from both directions of the street.

"What was the trouble out at your place this morning, Jim?" somebody said.

Jim stuck his chin between the bars and looked at the faces in the crowd. He knew everyone there.

While he was trying to figure out how everybody in town had heard about his being there, somebody else spoke to him.

"It must have been an accident, wasn't it, Jim?"

A colored boy hauling a load of cotton to the gin drove up the street. When the wagon got in front of the jail, the boy whipped up the mules with the ends of the reins and made them trot.

"I hate to see the State have a grudge against you, Jim," somebody said.

The sheriff came down the street swinging a tin dinnerpail in his hand. He pushed through the crowd, unlocked the door, and set the pail inside.

Erskine Caldwell: Tochter

Bei Sonnenaufgang hatte ein Neger auf seinem Weg zu dem großen Haus, wo er die Mulis füttern sollte, Colonel Henry Maxwell davon erzählt, und Colonel Henry Maxwell hatte den Sheriff angerufen. Der Sheriff hatte Jim in die Stadt abgeführt und ins Gefängnis gesperrt, dann ging er nach Hause und frühstückte.

Jim lief durch die leere Zelle und knöpfte sein Hemd zu, dann setzte er sich auf die Pritsche und band seine Schnürsenkel zu. Alles war an jenem Morgen so überstürzt gegangen, dass er nicht einmal Zeit gehabt hätte, einen Schluck Wasser zu trinken. Er stand auf und ging zum Wassereimer bei der Tür, aber der Sheriff hatte vergessen, Wasser hineinzugießen.

Um diese Zeit standen mehrere Männer im Gefängnishof. Jim ging zum Fenster und sah hinaus, als er sie reden hörte. Gerade in diesem Augenblick fuhr wieder ein Auto herein und sechs oder sieben Männer stiegen aus. Andere Männer kamen auf der Straße aus beiden Richtungen auf das Gefängnis zu.

«Was hat's heute früh bei dir zu Hause gegeben, Jim?» sagte einer.

Jim steckte sein Kinn zwischen die Eisenstäbe und schaute in die Gesichter der Menge. Er kannte jedes einzelne. Während er darüber nachgrübelte, wieso die ganze Stadt davon gehört hatte, dass er hier war, sprach ihn ein anderer an.

«Es muss ein Unfall gewesen sein – war's nicht so, Jim?»

Ein Negerjunge, der eine Ladung Baumwolle zur Fabrik fuhr, kam die Straße herauf. Als der Wagen vor dem Gefängnis war, zog er den Mulis eins mit den Zügeln über und ließ sie traben.

«Schlimm, dass der Staat dir jetzt an den Kragen will, Jim!» sagte jemand.

Der Sheriff kam die Straße herunter. Er schwenkte einen Kübel mit Essen in der Hand. Er schob sich durch die Menge, schloss die Tür auf und stellte den Eimer hinein.

Several men came up behind the sheriff and looked over his shoulder into the jail.

"Here's your breakfast my wife fixed up for you, Jim. You'd better eat a little, Jim boy."

Jim looked at the pail, at the sheriff, at the open jaildoor, and he shook his head.

"I don't feel hungry," he said. "Daughter's been hungry, though – awful hungry."

The sheriff backed out the door, his hand going to the handle of his pistol. He backed out so quickly that he stepped on the toes of the men behind him.

"Now, don't you get careless, Jim boy," he said. "Just sit and calm yourself."

He shut the door and locked it. After he had gone a few steps towards the street, he stopped and looked into the chamber of his pistol to make sure it had been loaded.

The crowd outside the window pressed in closer. Some of the men rapped on the bars until Jim came and looked out. When he saw them, he stuck his chin between the iron and gripped his hands around it.

"How come it to happen, Jim?" somebody asked. "It must have been an accident, wasn't it?"

Jim's long thin face looked as if it would come through the bars. The sheriff came up to the window to see if everything was all right.

"Now, just take it easy, Jim boy," he said.

The man who had asked Jim to tell what had happened, elbowed the sheriff out of the way. The other men crowded closer.

"How come, Jim?" the man said. "Was it an accident?"

"No," Jim said, his fingers twisting about the bars. "I picked up my shotgun and done it."

The sheriff pushed towards the window again.

"Go on, Jim, and tell us what it's all about."

Mehrere Männer tauchten hinter dem Sheriff auf und sahen über seine Schulter in die Zelle.

«Hier ist dein Frühstück – meine Frau hat's für dich angerichtet, Jim. Besser, du isst etwas, Jim, mein Junge.»

Jim sah auf den Kübel, auf den Sheriff, auf die offene Gefängnistür und schüttelte den Kopf.

«Ich bin nicht hungrig» sagte er. «Aber Tochter ist hungrig gewesen – furchtbar hungrig.»

Rückwärts ging der Sheriff aus der Tür, seine Hand fuhr nach dem Griff seines Revolvers. Er ging so schnell rückwärts hinaus, dass er den Männern hinter ihm auf die Zehen trat.

«Werd jetzt nicht kopflos, Jim, mein Junge», sagte er. «Nun setz dich hin und beruhige dich.»

Er schloss die Tür und sperrte zu. Nachdem er ein paar Schritte zur Straße gegangen war, blieb er stehen und sah in das Magazin seiner Pistole, um sich zu vergewissern, dass sie geladen gewesen war.

Die Menge draußen vor dem Fenster drängte sich dichter heran. Ein paar Männer schlugen an die Eisenstangen, bis Jim kam und heraussah. Als er sie erblickte, schob er sein Kinn zwischen das Eisen und umfasste es mit den Händen.

«Wie ist es denn passiert, Jim?» fragte einer. «Es muss doch ein Unfall gewesen sein – oder?»

Jims langes dünnes Gesicht sah aus, als wolle es durch das Eisengitter kommen. Der Sheriff trat ans Fenster, um zu sehen, ob alles in Ordnung sei.

«Nimm's nicht so schwer, Jim, mein Junge!» sagte er.

Der Mann, der Jim gebeten hatte, zu erzählen, was geschehen sei, schob den Sheriff mit dem Ellbogen aus dem Weg. Die anderen Männer drängten sich dichter heran.

«Wie ist es passiert, Jim?» sagte der Mann. «War es ein Unfall?»

«Nein», sagte Jim, und seine Finger umspannten das Eisen. «Ich hab die Flinte genommen und es getan.»

Der Sheriff versuchte wieder ans Fenster zu kommen.

«Mach zu, Jim – erzähl uns, was eigentlich los war!»

Jim's face squeezed between the bars until it looked as though only his ears kept his head from coming through.

"Daughter said she was hungry, and I just couldn't stand it no longer. I just couldn't stand to hear her say it."

"Don't get all excited now, Jim boy," the sheriff said, pushing forward one moment and being elbowed away the next.

"She waked up in the middle of the night again and said she was hungry. I just couldn't stand to hear she say it."

Somebody pushed all the way through the crowd until he got to the window.

"Why, Jim, you could have come and asked me for something for her to eat, and you know I'd have given you all I got in the world."

The sheriff pushed forward once more.

"That wasn't the right thing to do," Jim said. "I've been working all year and I made enough for all of us to eat."

He stopped and looked down into the faces on the other side of the bars.

"I made enough working on shares, but they came and took it all away from me. I couldn't go around begging after I'd made enough to keep us. They just came and took it all off. Then Daughter woke up again this morning saying she was hungry, and I just couldn't stand it no longer."

"You'd better go and get on the bunk now, Jim boy," the sheriff said.

"It don't seem right that the little girl ought to be shot like that," somebody said.

"Daughter said she was hungry," Jim said. "She'd been saying that for all of the past month. Daughter'd wake up in the middle of the night and say it. I just couldn't stand it no longer."

Jims Gesicht quetschte sich zwischen die Eisenstäbe, bis es aussah, als hinderten nur die Ohren seinen Kopf, sich durchzuschieben.

«Tochter sagte, sie ist hungrig, und ich konnt's einfach nicht länger aushalten. Ich konnte es einfach nicht länger anhören, wie sie es sagte.»

«Reg dich jetzt nicht auf, Jim, mein Junge», sagte der Sheriff, indem er sich einen Augenblick vorschob, um im nächsten zurückgestoßen zu werden.

«Sie wacht mitten in der Nacht wieder auf, und sagt, sie ist hungrig. Ich konnte es einfach nicht länger anhören, dass sie das sagte.»

Jemand bahnte sich den ganzen Weg durch die Menge, bis er ans Fenster kam.

«Aber Jim, du hättest doch zu mir kommen und mich um etwas Essen für sie bitten können – und du weißt, ich hätt dir alles gegeben, was ich auf der Welt habe.»

Der Sheriff machte wieder einen Vorstoß.

«Das wär nicht richtig gewesen», sagte Jim, «ich hab das ganze Jahr gearbeitet und hab genug für uns alle zum Essen verdient.»

Er brach ab und blickte hinunter in die Gesichter auf der anderen Seite des Eisengitters.

«Ich hab genug verdient auf meinen Anteil, aber sie kamen und nahmen mir alles weg. Ich konnte nicht rumlaufen und betteln, nachdem ich genug verdient hab, uns alle satt zu machen. Sie sind einfach gekommen und haben alles weggenommen. Dann wacht die Tochter heut morgen wieder auf und sagt, sie ist hungrig, und ich konnt's nicht länger aushalten.»

«Jim, es ist besser, du legst dich jetzt auf deine Pritsche, mein Junge», sagte der Sheriff.

«Ich finde es nicht richtig, dass er das kleine Mädchen auf die Art erschießen musste», sagte jemand.

«Tochter sagt, sie ist hungrig», sagte Jim. «Das hat sie den ganzen letzten Monat gesagt. Tochter wacht auf, mitten in der Nacht, und sagt es. Ich konnte es einfach nicht mehr aushalten.»

"You ought to have sent her over to my house, Jim. Me and my wife could have fed her something, somehow. It don't look right to kill a little girl like her."

"I'd made enough for all of us," Jim said. "I just couldn't stand it no longer. Daughter'd been hungry all the past month."

"Take it easy, Jim boy," the sheriff said, trying to push forward.

The crowd swayed from side to side.

"And so you just picked up the gun this morning and shot her?" somebody asked.

"When she woke up this morning saying she was hungry, I just couldn't stand it."

The crowd pushed closer. Men were coming towards the jail from all directions, and those who were then arriving pushed forward to hear what Jim had to say.

"The State has got a grudge against you now, Jim," somebody said, "but somehow it don't seem right."

"I can't help it," Jim said. "Daughter woke up again this morning that way."

The jailyard, the street, and the vacant lot on the other side were filled with men and boys. All of them were pushing forward to hear Jim. Word had spread all over town by that time that Jim Carlisle had shot and killed his eight-year-old daughter, Clara.

"Who does Jim share-crop for?" somebody asked.

"Colonel Henry Maxwell," a man in the crowd said. "Colonel Henry has had Jim out there about nine or ten years."

"Henry Maxwell didn't have no business coming and taking all the shares. He's got plenty of his own. It ain't right for Henry Maxwell to come and take Jim's, too."

The sheriff was pushing forward once more.

«Du hättest sie rüberschicken sollen in mein Haus, Jim. Ich und meine Frau, wir hätten ihr schon was zu essen gegeben, irgendwas, irgendwie. Es ist doch nicht richtig, ein kleines Mädchen wie sie umzubringen.»

«Ich hab genug verdient für uns alle», sagte Jim. «Ich konnt's einfach nicht mehr aushalten. Tochter ist den ganzen letzten Monat hungrig gewesen.»

«Nimm's nicht so schwer, Jim, Junge», sagte der Sheriff und versuchte sich nach vorn zu drängen.

Die Menge schwankte von einer Seite zur anderen.

«Und da hast du heute morgen einfach dein Gewehr genommen und sie erschossen?» fragte einer.

«Als sie heute früh aufwacht und sagt, sie ist hungrig, konnt ich's eben nicht aushalten.»

Die Menge schob sich näher heran. Von allen Seiten strömten die Männer dem Gefängnis zu, und diejenigen, die später kamen, drängten sich nach vorn, um zu hören, was Jim zu sagen hatte.

«Jetzt will dir der Staat an den Kragen, Jim», sagte jemand, «aber irgendwie ist das nicht richtig.»

«Ich kann nichts dafür», sagte Jim. «Tochter wachte heute früh wieder so auf.»

Der Gefängnishof, die Straße und der leere Platz auf der anderen Seite waren mit Männern und Jungen angefüllt. Alle drängten sich nach vorne, um Jim zu hören. Um diese Zeit hatte sich schon durch die ganze Stadt die Nachricht verbreitet, dass Jim Carlisle auf seine achtjährige Tochter Clara geschossen und sie getötet hatte.

«Für wen arbeitet Jim denn auf Ernteanteil?» fragte jemand.

«Für Colonel Henry Maxwell», sagte ein Mann aus der Menge. «Colonel Maxwell hat Jim neun oder zehn Jahre draußen bei sich gehabt.»

«Henry Maxwell hatte kein Recht, einfach herzugehen und Jim alle Anteile wegzunehmen. Er hat selber reichlich genug. Es ist nicht recht von Henry Maxwell, sich Jims Anteil auch noch zu nehmen.»

Wieder schob sich der Sheriff vor.

"The State's got a grudge against Jim now," somebody said. "Somehow it don't seem right, though."

The sheriff pushed his shoulder into the crowd of men and worked his way in closer.

A man shoved the sheriff away.

"Why did Henry Maxwell come and take your share of the crop, Jim?"

"He said I owed it to him because one of his mules died about a month ago."

The sheriff got in front of the barred window.

"You ought to go to the bunk now and rest some, Jim boy," he said. "Take off your shoes and stretch out, Jim boy."

He was elbowed out of the way.

"You didn't kill the mule, did you, Jim?"

"The mule dropped dead in the barn," Jim said. "I wasn't nowhere around. It just dropped dead."

The crowd was pushing harder. The men in front were jammed against the jail, and the men behind were trying to get within earshot. Those in the middle were squeezed against each other so tightly they could not move in any direction. Everyone was talking louder.

Jim's face pressed between the bars and his fingers gripped the iron until the knuckles were white.

The milling crowd was moving across the street to the vacant lot. Somebody was shouting. He climbed up on an automobile and began swearing at the top of his lungs.

A man in the middle of the crowd pushed his way out and went to his automobile. He got in and drove off alone.

Jim stood holding to the bars and looking through the window. The sheriff had his back to the crowd, and he was saying something to Jim. Jim did not hear what he said.

A man on his way to the gin with a load of cotton stopped to find out what the trouble was. He

«Jetzt will der Staat Jim an den Kragen», sagte einer.
«Aber irgendwie ist das doch nicht richtig.»

Der Sheriff arbeitete sich mit den Schultern durch die Menschenmenge und kam näher heran.

Ein Mann schob den Sheriff wieder weg.

«Warum ist Henry Maxwell gekommen und hat dir deinen Anteil von der Ernte weggenommen, Jim?»

«Er sagte, ich bin ihm so viel schuldig, weil eins seiner Mulis vor einem Monat gestorben ist.

Der Sheriff trat vor das vergitterte Fenster.

«Du solltest dich jetzt auf deine Pritsche legen und dich ausruhen, Jim, mein Junge», sagte er. «Zieh die Schuhe aus und streck dich aus, Jim, mein Junge.»

Viele Ellbogen drängten ihn weg.

«Du hast doch das Muli nicht umgebracht, Jim, oder?»

«Das Muli fiel tot um im Stall», sagte Jim. «Ich war gar nicht in der Nähe. Es fiel einfach tot um.»

Die Menge drängte heftiger vorwärts. Die Männer vorn wurden gegen das Gefängnis gedrückt, und die Männer weiter hinten versuchten in Hörweite zu kommen. Die in der Mitte wurden so eng zusammengepresst, dass sie sich in keiner Richtung fortbewegen konnten. Alle sprachen lauter.

Jims Gesicht drückte sich zwischen die Eisenstäbe und seine Finger umkrampften sie, bis die Knöchel weiß waren.

Die mahlende Volksmenge bewegte sich über die Straße auf den freien Platz zu. Irgendeiner schrie in einem fort. Er kletterte auf ein Auto und begann aus Leibeskräften zu fluchen.

Ein Mann inmitten der Menge bahnte sich seinen Weg heraus und ging zu seinem Auto. Er stieg ein und fuhr allein ab.

Jim stand da und hielt sich an den Gitterstäben fest und sah durchs Fenster. Der Sheriff hatte der Menge den Rükken zugekehrt, und er sagte etwas zu Jim. Jim hörte nicht, was er sagte.

Ein Mann mit einer Ladung Baumwolle auf dem Wege zur Fabrik hielt an um zu hören, was es gab. Er sah einen

looked at the crowd in the vacant lot for a moment, and then he turned around and looked at Jim behind the bars. The shouting across the street was growing louder.

"What's the trouble, Jim?"

Somebody on the other side of the street came to the wagon. He put his foot on a spoke in the wagon wheel and looked up at the man on the cotton while he talked.

"Daughter woke up this morning again saying she was hungry," Jim said.

The sheriff was the only person who heard him.

The man on the load of cotton jumped to the ground, tied the reins to the wagon wheel, and pushed through the crowd to the car where all the shouting and swearing was being done. After listening for a while, he came back to the street, called a Negro who was standing with several other Negroes on the corner, and handed him the reins. The Negro drove off with the cotton towards the gin, and the man went back into the crowd.

Just then the man who had driven off alone in his car came back. He sat for a moment behind the steering wheel, and then he jumped to the ground. He opened the rear and took out a crowbar that was as long as he was tall.

"Pry that jail door open and let Jim out," somebody said. "It ain't right for him to be in there."

The crowd in the vacant lot was moving again. The man who had been standing on top of the automobile jumped to the ground, and the men moved towards the street in the direction of the jail.

The first man to reach it jerked the six-foot crowbar out the soft earth where it had been jabbed.

The sheriff backed off.

"Now, take it easy, Jim boy," he said.

He turned and started walking rapidly up the street towards his house.

Augenblick auf die Menge auf dem freien Platz, dann wandte er sich um und schaute auf Jim hinter den Eisenstäben. Die Zurufe von der anderen Straßenseite wurden lauter.

«Was ist denn los, Jim?»

Jemand von der anderen Straßenseite kam zu dem Wagen. Er stellte einen Fuß auf eine Speiche des Wagenrads und sah beim Sprechen hinauf zu dem Mann auf den Baumwollballen.

«Tochter wacht heut morgen wieder auf und sagt, sie ist hungrig», sagte Jim.

Der Sheriff war der einzige Mensch, der ihn hörte.

Der Mann auf den Baumwollballen sprang zu Boden, band die Zügel an das Wagenrad und schob sich durch die Menschenmenge zu dem Auto, bei dem das Geschrei und das Geschimpfe veranstaltet wurde. Nachdem er eine Weile zugehört hatte, kam er zurück auf die Straße, rief einen Neger, der mit ein paar anderen Negern an einer Ecke stand, und gab ihm die Zügel. Der Neger fuhr mit der Baumwolle zur Fabrik, und der Mann tauchte wieder in der Menge unter.

In diesem Augenblick kam der Mann zurück, der allein weggefahren war. Er blieb eine Sekunde hinter dem Steuer sitzen, dann sprang er auf die Erde. Er öffnete die hintere Tür des Wagens und nahm eine Brechstange heraus – so lang wie er hoch war.

«Brecht die Gefängnistür auf und lasst Jim heraus», sagte jemand. «Es ist nicht recht, er gehört nicht da hinein!»

Die Menge auf dem freien Platz bewegte sich wieder. Der Mann, der oben auf dem Auto gestanden hatte, sprang herunter, und die Männer drängten in Richtung des Gefängnisses auf die Straße zu.

Der Erste, der sie greifen konnte, riss die sechs Fuß lange Brechstange aus dem weichen Boden, in dem sie stak.

Der Sheriff zog sich zurück.

«Also – nimm's nicht so schwer, Jim, Junge», sagte er.

Er wandte sich um und begann sehr schnell die Straße hinauf zu gehen, seinem Hause zu.

William Faulkner: A Rose for Emily

1

When Miss Emily Grierson died, our whole town
went to her funeral: the men through a sort of
respectful affection for a fallen monument, the
women mostly out of curiosity to see the inside of
her house, which no one save an old man-ser-
vant – a combined gardener and cook – had seen
in at least ten years.

It was a big, squarish frame house that had once
been white, decorated with cupolas and spires and
scrolled balconies in the heavily lightsome style of
the seventies, set on what had once been our most
select street. But garages and cotton gins had en-
croached and obliterated even the august names of
that neighborhood; only Miss Emily's house was
left, lifting its stubborn and coquettish decay above
the cotton wagons and the gasoline pumps – an
eyesore among eyesores. And now Miss Emily
had gone to join the representatives of those august names where they lay in the cedar-bemused
cemetery among the ranked and anonymous
graves of Union and Confederate soldiers who fell
in the battle of Jefferson.

Alive, Miss Emily had been a tradition, a duty,
and a care; a sort of hereditary obligation upon the
town, dating from that day in 1894 when Colonel
Sartoris, the mayor – he who fathered the edict
that no Negro woman should appear on the streets
with- out an apron – remitted her taxes, the dis-
pensation dating from the death of her father on
into perpetuity. Not that Miss Emily would have
accepted charity. Colonel Sartoris invented an involved tale to the effect that Miss Emily's father
had loaned money to the town, which the town, as
a matter of business, preferred this way of repay-
ing. Only a man of Colo- nel Sartoris' generation

William Faulkner: Eine Rose für Emily

1

Als Miss Emily Grierson starb, ging unsere ganze Stadt
zu ihrem Begräbnis: die Männer aus einer gewissen ehr-
fürchtigen Zuneigung für ein gestürztes Denkmal, die
Frauen meist aus Neugier, um das Innere ihres Hauses
zu sehen, das niemand außer einem alten Diener – Gärt-
ner und Koch zugleich in den letzten zehn Jahren erblickt
hatte.

Es war ein großes würfelförmiges Fachwerkhaus, das
vor Zeiten weiß gewesen war, verziert mit Kuppeln und
Türmchen und verschnörkelten Balkonen im schwerfällig
heiteren Stil der siebziger Jahre, an unserer ehemals vor-
nehmsten Straße gelegen. Aber Reparaturwerkstätten und
Baumwollfabriken hatten die stolzen Namen des Viertels
überdeckt und ausgelöscht; nur Miss Emilys Haus war
geblieben und erhob sich in eigenwilligem, verspielten
Verfall über den Baumwollwaggons und Tankstellen – ein
Greuel unter anderen Greueln. Und nun war Miss Emily
zu den Trägern jener erlauchten Namen dorthin gegangen,
wo sie auf dem zedernbeschatteten Friedhof lagen, zwischen den namenlosen Reihengräbern der Nord- und Süd-
staaten-Soldaten, die in der Schlacht bei Jefferson gefallen
waren.

Im Leben war Miss Emily eine Tradition gewesen, eine
Pflicht, eine Sorge; eine Art ererbter Verpflichtung für
die Stadt seit jenem Tage im Jahre 1894, als Colonel Sartoris, der Bürgermeister (Vater der Verordnung, dass
keine Negerfrau ohne Schürze auf den Straßen erschei-
nen durfte) ihr die Steuern erließ; der Dispens galt vom
Tode ihres Vaters an für die Dauer ihres Lebens. Nicht
dass Miss Emily eine Wohltat angenommen hätte.
Colonel Sartoris erfand eine verwickelte Geschichte, der-
zufolge Miss Emilys Vater der Stadt Geld geliehen hatte,
das die Stadt aus geschäftlichen Gründen auf diesem
Wege zurückzuzahlen vorzog. Nur ein Mann aus der
Generation und aus der Gedankenwelt des Colonel Sar-

and thought could have in- vented it, and only a woman could have believed it.

When the next generation, with its more modern ideas, became mayors and aldermen, this arrangement created some little dissatisfaction. On the first of the year they mailed her a tax notice. February came, and there was no reply. They wrote her a formal letter, asking her to call at the sheriff's office at her convenience. A week later the mayor wrote her himself, offering to call or to send his car for her, and received in reply a note on paper of an archaic shape, in a thin, flowing calligraphy in faded ink, to the effect that she no longer went out at all. The tax notice was also enclosed, without comment.

They called a special meeting of the Board of Aldermen. A deputation waited upon her, knocked at the door through which no visitor had passed since she ceased giving china-painting lessons eight or ten years earlier. They were admitted by the old Negro into a dim hall from which a stairway mounted into still more shadow. It smelled of dust and disuse – a close, dank smell. The Negro led them into the parlor. It was furnished in heavy, leather-covered furniture. When the Negro opened the blinds of one window, they could see that the leather was cracked; and when they sat down, a faint dust rose sluggishly about their thighs, spinning with slow motes in the single sunray. On a tarnished gilt easel before the fireplace stood a crayon portrait of Miss Emily's father.

They rose when she entered – a small, fat woman in black, with a thin gold chain descending to her waist and vanishing into her belt, leaning on an ebony cane with a tarnished gold head. Her skeleton was small and spare; perhaps that was why what would have been merely plumpness in another was obesity in her. She looked bloated,

toris hatte sie erfinden, und nur eine Frau hatte sie glauben können.

Als die nächste Generation mit ihren moderneren Ideen zu Bürgermeistern und Stadträten wurde, schuf dieses Abkommen ein wenig Unbehagen. Am Jahresersten sandten sie ihr einen Steuerbescheid. Der Februar kam, aber keine Antwort. Sie schrieben ihr einen formellen Brief mit der Bitte, wann immer es ihr passe, im Büro des Sheriffs vorzusprechen. Eine Woche später schrieb der Bürgermeister selbst und bot ihr an, zu ihr zu kommen oder sie mit seinem Wagen holen zu lassen. Als Antwort erhielt er einen Briefbogen vorsintflutlichen Formats mit dünner, glatter Schönschrift in verblasster Tinte, des Inhalts, dass sie überhaupt nicht mehr ausgehe. Ohne Kommentar war der Steuerbescheid beigefügt.

Sie beraumten eine Sondersitzung des Stadtrates an. Eine Abordnung suchte sie auf und klopfte an die Tür, durch die kein Gast gegangen war, seit sie vor acht oder zehn Jahren aufgehört hatte, Unterricht im Porzellanmalen zu geben. Sie wurden von dem alten Neger in eine düstere Halle gelassen, aus der eine Treppe in noch tiefere Dunkelheit führte. Es roch nach Staub und Unbewohntheit – ein stickiger, feuchtkalter Geruch. Der Neger führte sie in den Salon. Er war mit schweren, lederbezogenen Möbeln eingerichtet. Als der Neger die Läden des einen Fensters öffnete, konnten sie sehen, dass das Leder brüchig war; und als sie sich setzten, erhob sich matt ein feiner Staub um ihre Schenkel, und die Stäubchen drehten sich langsam in dem einzigen Sonnenstrahl. Auf einer blindgewordenen vergoldeten Staffelei vor dem Kamin stand ein Kreideporträt von Miss Emilys Vater.

Sie erhoben sich, als sie eintrat – eine kleine, dicke Frau in Schwarz, mit einer dünnen goldenen Kette, die bis zur Taille herabhing und in ihrem Gürtel verschwand; sie stützte sich auf einen Ebenholzstock mit einem blind gewordenen Goldknauf. Ihr Knochenbau war klein und schmächtig; vielleicht wirkte deshalb bei ihr beinahe fett, was bei anderen nur untersetzt gewesen wäre. Sie sah gedunsen aus,

like a body long submerged in motionless water, and of that pallid hue. Her eyes, lost in the fatty ridges of her face, looked like two small pieces of coal pressed into a lump of dough as they moved from one face to another while the visitors stated their errand.

She did not ask them to sit. She just stood in the door and listened quietly until the spokesman came to a stumbling halt. Then they could hear the invisible watch ticking at the end of the gold chain.

Her voice was dry and cold. "I have no taxes in Jefferson. Colonel Sartoris explained it to me. Perhaps one of you can gain access to the city records and satisfy yourselves."

"But we have. We are city authorities, Miss Emily. Didn't you get a notice from the sheriff, signed by him?"

"I received a paper, yes," Miss Emily said. "Perhaps he considers himself the sheriff... I have no taxes in Jefferson."

"But there is nothing on the books to show that, you see. We must go by the –"

"See Colonel Sartoris. I have no taxes in Jefferson."

"But, Miss Emily –"

"See Colonel Sartoris." (Colonel Sartoris had been dead almost ten years.) "I have no taxes in Jefferson. Tobe!" The Negro appeared. "Show these gentlemen out."

2

So she vanquished them, horse and foot, just as she had vanquished their fathers thirty years before about the smell. That was two years after her father's death and a short time after her sweetheart – the one we believed would marry her – deserted her. After her father's death she went out very little; after her sweetheart went away, people hardly

wie eine Leiche, die schon lange in einem stillen Wasser versenkt war, und ebenso bleich. Ihre Augen, die sich in den fetten Wülsten des Gesichtes verloren, sahen wie zwei kleine in einen Teigklumpen gepresste Kohlenstücke aus, als sie von einem Gesicht zum anderen wanderten, während die Besucher ihren Auftrag vorbrachten.

Sie forderte sie nicht auf, sich zu setzen. Sie stand bloß in der Tür und hörte ruhig zu, bis der Sprecher stockend verstummte. Dann konnten sie die unsichtbare Uhr am Ende der goldenen Kette ticken hören.

Ihre Stimme war trocken und kalt. «Ich zahle in Jefferson keine Steuern. Colonel Sartoris hat es mir erklärt. Vielleicht kann einer von ihnen sich Zugang zu den städtischen Urkunden verschaffen und Sie überzeugen.»

«Aber das haben wir. Wir sind Beauftragte der Stadt, Miss Emily. Haben sie nicht die vom Sheriff selbst unterzeichnete Mitteilung bekommen?»

«Ich bekam ein Papier, ja» sagte Miss Emily. «Vielleicht hält er sich für den Sheriff... Ich zahle keine Steuern in Jefferson.»

«Aber dafür ist kein Beweis in unseren Büchern, sehen Sie. Wir müssen uns danach richten...»

«Suchen Sie Colonel Sartoris auf. Ich zahle keine Steuern in Jefferson.»

«Aber Miss Emily...»

«Suchen Sie Colonel Sartoris auf.» (Colonel Sartoris war fast zehn Jahre tot.) «Ich zahle keine Steuern in Jefferson. Tobias!» Der Neger erschien. «Begleite die Herren hinaus.»

2

So schlug sie sie auf der ganzen Linie, wie sie vor dreißig Jahren ihre Väter geschlagen hatte – als es sich um den Geruch handelte. Das war zwei Jahre nach ihres Vaters Tod, und kurze Zeit nachdem ihr Geliebter – der sie, wie wir glaubten, heiraten wollte – sie verlassen hatte. Nach ihres Vaters Tod ging sie sehr wenig aus; nachdem ihr Liebster fort war, sah man sie überhaupt kaum mehr. Ein paar

saw her at all. A few of the ladies had the temerity to call, but were not received, and the only sign of life about the place was the Negro man – a young man then – going in and out with a market basket.

"Just as if a man – any man – could keep a kitchen properly," the ladies said; so they were not surprised when the smell developed. It was another link between the gross, teeming world and the high and mighty Griersons.

A neighbor, a woman, complained to the mayor, Judge Stevens, eighty years old.

"But what will you have me do about it, madam?" he said.

"Why, send her word to stop it," the woman said. "Isn't there a law?"

"I'm sure that won't be necessary," Judge Stevens said. "It's probably just a snake or a rat that Negro of hers killed in the yard. I'll speak to him about it."

The next day he received two more complaints, one from a man who came in diffident deprecation. "We really must do something about it, Judge. I'd be the last one in the world to bother Miss Emily, but we've got to do something." That night the Board of Aldermen met – three graybeards and one younger man, a member of the rising generation.

"It's simple enough," he said. "Send her word to have her place cleaned up. Give her a certain time to do it in, and if she don't..."

"Dammit, sir," Judge Stevens said, "will you accuse a lady to her face of smelling bad?"

So the next night, after midnight, four men crossed Miss Emily's lawn and slunk about the house like burglars, sniffing along the base of the brickwork and at the cellar openings while one of them performed a regular sowing motion with his hand out of a sack slung from his shoulder. They broke open the cellar door and sprinkled lime there,

Damen hatten die Kühnheit, sie zu besuchen, wurden aber nicht empfangen, und das einzige Anzeichen von Leben in dem Besitztum war der Neger, damals ein junger Mann, der mit einem Marktkorb aus- und einging.

«Als ob ein Mann, wer es auch sei, eine Küche ordentlich führen könnte», sagten die Damen; sie waren daher nicht überrascht, als der Geruch sich entwickelte. Das war wieder ein Bindeglied zwischen der derben, betriebsamen Welt und den stolzen und mächtigen Griersons.

Eine Nachbarin beklagte sich bei dem achtzigjährigen Bürgermeister Richter Stevens.

«Aber was soll ich denn tun in der Angelegenheit?» fragte er.

«Nun, schicken Sie ihr eine Aufforderung, dass es aufzuhören hat», sagte die Frau. «Gibt es da kein Gesetz?»

«Ich bin sicher, dass es nicht nötig sein wird», sagte Richter Stevens. «Es ist vermutlich bloß eine Schlange oder eine Ratte, die ihr Neger im Hof totgeschlagen hat. Ich werde mit ihm darüber sprechen.»

Am nächsten Tag erhielt er zwei neue Beschwerden, die eine von einem Mann, der kam und schüchtern um Abhilfe bat: «Wir müssen hier wirklich etwas unternehmen, Richter. Ich wäre der Letzte auf der Welt, der Miss Emily belästigen möchte, aber wir müssen etwas tun!» Am Abend trat der Stadtrat zusammen – drei Graubärte und ein jüngerer Mann, einer von der aufsteigenden Generation.

«Es ist ganz einfach», sagte er. «Schicken Sie ihr die Aufforderung, ihr Grundstück säubern zu lassen. Geben Sie ihr eine gewisse Frist dazu, und wenn sie's nicht tut...»

«Verdammt, Sir», sagte Richter Stevens, «wollen Sie einer Dame ins Gesicht sagen, dass es bei ihr schlecht riecht?»

So überschritten in der nächsten Nacht nach Mitternacht vier Männer Miss Emilys Rasenplatz und schlichen wie Einbrecher ums Haus, beschnüffelten das Ziegelfundament und die Kellerluken, während einer von ihnen mit seiner Hand aus einem Sack, der über seiner Schulter hing, regelrecht zu säen schien. Sie brachen die Kellertür auf und streu-

and in all the outbuildings. As they recrossed the lawn, a window that had been dark was lighted and Miss Emily sat in it, the light behind her, and her upright torso motionless as that of an idol. They crept quietly across the lawn and into the shadow of the locusts that lined the street. After a week or two the smell went away.

That was when people had begun to feel really sorry for her. People in our town, remembering how Old Lady Wyatt, her great-aunt, had gone completely crazy at last, believed that the Griersons held themselves a little too high for what they really were. None of the young men was quite good enough for Miss Emily and such. We had long thought of them as a tableau: Miss Emily a slender figure in white in the background, her father a spraddled silhouette in the foreground, his back to her and clutching a horsewhip, the two of them framed by the backflung front door. So when she got to be thirty and was still single, we were not pleased exactly, but vindicated; even with insanity in the family she wouldn't have turned down all of her chances if they had really materialized.

When her father died, it got about that the house was all that was left to her; and in a way, people were glad. At last they could pity Miss Emily. Being left alone and a pauper, she had become humanized. Now she too would know the old thrill and the old despair of a penny more or less.

The day after his death all the ladies prepared to call at the house and offer condolence and aid, as is our custom. Miss Emily met them at the door, dressed as usual and with no trace of grief on her face. She told them that her father was not dead. She did that for three days, with the ministers calling on her, and the doctors, trying to persuade her to let them dispose of the body. Just as they

ten dort wie in allen Nebengebäuden Kalk. Als sie über den Rasen zurückgingen war ein Fenster erleuchtet, das dunkel gewesen war, und darin saß Miss Emily, hinter sich das Licht, ihr aufrechter Oberkörper reglos wie der eines Götzenbildes. Sie krochen leise über den Rasenplatz und in den Schatten der Akazien, die die Straße säumten. Nach ein, zwei Wochen verging der Geruch.

Das war damals, als die Leute anfingen sie wirklich zu bemitleiden. Man erinnerte sich in unserer Stadt daran, wie die alte Lady Wyatt, ihre Großtante, zuletzt völlig verrückt geworden war, und man fand die Griersons hochmütiger als es ihnen eigentlich zukam. Keiner der jungen Männer war so recht gut genug für Miss Emily und ihresgleichen. Wir hatten lange an sie gedacht wie an ein Bild: Miss Emily, eine schlanke Gestalt in Weiß im Hintergrund, ihr Vater als breitbeinige Silhouette im Vordergrund, mit dem Rücken zu ihr, eine Reitpeitsche umklammernd, beide eingerahmt von der aufgeschlagenen Haustür. Als sie allmählich auf die Dreißig zuging und immer noch ledig war, freuten wir uns zwar nicht gerade, empfanden aber doch eine gewisse Genugtuung; bei aller Verrücktheit in der Familie hätte sie nicht all ihre Chancen ausgeschlagen, wenn sie feste Form angenommen hätten.

Als ihr Vater starb, sprach es sich herum, dass das Haus alles war, was er ihr hinterließ; und irgendwie waren die Leute froh. Endlich konnten sie Miss Emily bemitleiden. Allein geblieben und verarmt war sie menschlich geworden. Nun würde auch sie die alte Aufregung kennenlernen, den alten Jammer um den Pfennig mehr oder weniger, den man besaß.

Am Tage nach seinem Tod bereiteten sich alle Damen vor, sie in ihrem Hause aufzusuchen und ihr, wie bei uns üblich, Trost und Hilfe zu spenden. Miss Emily empfing sie an der Tür, gekleidet wie gewöhnlich und ohne eine Spur von Trauer im Gesicht. Sie sagte ihnen, ihr Vater sei nicht tot. Das tat sie drei Tage lang, während die Pfarrer und die Ärzte kamen und sie zu überreden versuchten, ihnen die Verfügung über die Leiche zu überlassen. Erst als sie daran

were about to resort to law and force, she broke down, and they buried her father quickly.

We did not say she was crazy then. We believed she had to do that. We remembered all the young men her father had driven away, and we knew that with nothing left, she would have to cling to that which had robbed her, as people will.

3

She was sick for a long time. When we saw her again, her hair was cut short, making her look like a girl, with a vague resemblance to those angels in colored church windows – sort of tragic and serene.

The town had just let the contracts for paving the sidewalks, and the summer after her father's death they began the work. The construction company came with Negroes and mules and machinery, and a foreman named Homer Barron, a Yankee – a big, dark, ready man, with a big voice and eyes lighter than his face. The little boys would follow in groups to hear him cuss the Negroes, and the Negroes singing in time to the rise and fall of picks. Pretty soon he knew everybody in town. Whenever you heard a lot of laughing about the square, Homer Barron would be in the center of the group. Presently we began to see him and Miss Emily on Sunday afternoons driving in the yellow-wheeled buggy and the matched team of bays from the livery stable.

At first we were glad that Miss Emily would have an interest, because the ladies all said, "Of course a Grierson would not think seriously of a Northerner, a day laborer." But there were still others, older people, who said that even grief could not cause a real lady to forget *noblesse oblige* – without calling it *noblesse oblige*. They just said, "Poor Emily. Her kinsfolk should come to her." She had some kin in Alabama; but years ago her

gingen, zu Gesetz und Gewalt Zuflucht zu nehmen, brach sie zusammen, und sie begruben ihren Vater schnell.

Damals sagten wir nicht, sie sei verrückt. Wir meinten, sie müsse so handeln. Wir dachten an all die jungen Männer, die ihr Vater vergrault hatte, und wussten: jetzt, da ihr nichts geblieben war, musste sie sich an das klammern, was sie um alles gebracht hatte – so ist der Mensch.

3

Sie war lange Zeit krank. Als wir sie wiedersahen, war ihr Haar kurz geschnitten – das gab ihr das Ausehen eines Mädchens und eine schwache Ähnlichkeit mit jenen Engeln in bunten Kirchenfenstern – irgendwie tragisch und gelassen.

Die Stadt hatte gerade die Aufträge für die Pflasterung der Bürgersteige vergeben, und im Sommer nach ihres Vaters Tod begann man mit der Arbeit. Die Baugesellschaft kam mit Negern und Maultieren und Maschinen und einem Werkführer namens Homer Barron, einem Yankee – einem großen, dunklen, tüchtigen Mann mit lauter Stimme und mit Augen, die heller waren als sein Gesicht. Die kleinen Jungen folgten ihm scharenweise, um ihn mit den Negern fluchen zu hören, und die Neger sangen im Takt zum Heben und Niederfallen ihrer Spitzeisen. Homer Barron kannte alle Leute in der Stadt. Wann immer man lautes Gelächter auf dem Marktplatz hörte, war Homer Barron Mittelpunkt der Gruppe. Und alsbald sahen wir ihn und Miss Emily Sonntag nachmittags im gelbräderigen Sportwagen mit dem Fuchspaar-Gespann aus dem Tattersall spazierenfahren.

Erst freuten wir uns, dass Miss Emily wieder für etwas Teilnahme hatte, denn die Damen sagten alle: «Natürlich kann eine Grierson nicht ernstlich an einen Yankee denken – einen Tagelöhner!» Doch es gab auch andere, ältere Leute, die meinten, selbst im Kummer dürfe eine wirkliche Dame nicht ihr «noblesse oblige» vergessen – natürlich nannten sie es nicht «noblesse oblige». Sie sagten bloß: «Arme Emily. Ihre Verwandten sollten sie besuchen.» Sie hatte einige Verwandte in Alabama; aber vor Jahren hatte

father had fallen out with them over the estate of Old Lady Wyatt, the crazy woman, and there was no communication between the two families. They had not even been represented at the funeral.

And as soon as the old people said, "Poor Emily," the whispering began. "Do you suppose it's really so?" they said to one another. "Of course it is. What else could … " This behind their hands; rustling of craped silk and satin behind jalousies closed upon the sun of Sunday afternoon as the thin, swift clop-clop-clop of the matched team passed: "Poor Emily."

She carried her head high enough – even when we believed that she was fallen. It was as if she demanded more than ever the recognition of her dignity as the last Grierson; as if it had wanted that touch of earthiness to reaffirm her imperviousness. Like when she bought the rat poison, the arsenic. That was over a year after they had begun to say "Poor Emily," and while the two female cousins were visiting her.

"I want some poison," she said to the druggist. She was over thirty then, still a slight woman, though thinner than usual, with cold, haughty black eyes in a face the flesh of which was strained across the temples and about the eye-sockets as you imagine a lighthousekeeper's face ought to look. "I want some poison," she said.

"Yes, Miss Emily. What kind? For rats and such? I'd recom –"

"I want the best you have. I don't care what kind."

The druggist named several. "They'll kill anything up to an elephant. But what you want is –"

"Arsenic," Miss Emily said. "Is that a good one?"

"Is…arsenic? Yes, ma'am. But what you want –"

"I want arsenic."

The druggist looked down at her. She looked back at him, erect, her face like a strained flag. "Why,

sich ihr Vater mit ihnen um den Besitz der alten Lady Wyatt – jener Verrückten – entzweit, und es bestand keine Verbindung zwischen den beiden Familien. Sie waren nicht einmal bei der Beerdigung vertreten gewesen.

Immer wenn die alten Leute «Arme Emily» sagten, begann der Klatsch. «Meinen Sie, es ist wirklich so?» fragten sie einander. «Natürlich ist es so! Was könnte sonst …» So hieß es hinter vorgehaltenen Händen; geraffte Seide und Atlas raschelten hinter den Jalousien, die sonntagnachmittags gegen die Sonne geschlossen waren, wenn das helle, rasche Klapp-klapp-klapp des Fuchsgespanns vorbeikam. «Arme Emily.»

Sie trug den Kopf hoch genug – sogar als wir meinten, sie sei gefallen. Es war, als verlange sie mehr denn je die Anerkennung ihrer Würde als letzte Grierson; als habe es noch dieses Hauchs des Allzumenschlichen bedurft, um ihre Unnahbarkeit zu bestätigen. Nicht anders war es, als sie das Rattengift kaufte, das Arsen. Das war über ein Jahr, nachdem man angefangen hatte «Arme Emily» zu sagen, und während des Besuchs der beiden Kusinen.

«Ich brauche etwas Gift», sagte sie zu dem Drogisten. Sie war damals über dreißig, noch eine schlanke Frau, obwohl dünner als gewöhnlich, mit kalten, hochmütigen schwarzen Augen in einem Gesicht, dessen Haut sich über Schläfen und Augenhölen spannte – wie man sich das im Gesicht eines Leuchtturmwärters vorzustellen pflegt. «Ich brauche etwas Gift», sagte sie.

«Ja, Miss Emily. Welche Sorte? Für Ratten und dergleichen? Ich würde empfehlen…»

«Ich möchte das beste, das Sie haben. Die Sorte ist gleich.»

Der Drogist nannte verschiedene. «Sie töten alles, bis hinauf zum Elefanten. Aber was Sie brauchen, ist…»

«Arsen», sagte Miss Emily. «Ist das gut?»

«Ob Arsen…? Ja, Madame. Aber was Sie brauchen…»

«Ich möchte Arsen.»

Der Drogist sah auf sie hinab. Sie erwiderte den Blick, aufrecht, ihr Gesicht wie eine straff gespannte Fahne.

of course," the druggist said. "If that's what you want. But the law requires you to tell what you are going to use it for."

Miss Emily just stared at him, her head tilted back in order to look him eye for eye, until he looked away and went and got the arsenic and wrapped it up. The Negro delivery boy brought her the package; the druggist didn't come back. When she opened the package at home there was written on the box, under the skull and bones: "For rats."

4

So the next day we all said, "She will kill herself"; and we said it would be the best thing. When she had first begun to be seen with Homer Barron, we had said, "She will marry him." Then we said, "She will persuade him yet," because Homer himself had remarked – he liked men, and it was known that he drank with the younger men in the Elks' Club – that he was not a marrying man. Later we said, "Poor Emily" behind the jalousies as they passed on Sun- day afternoon in the glittering buggy. Miss Emily with her head high and Homer Barron with his hat cocked and a cigar in his teeth, reins and whip in a yellow glove.

Then some of the ladies began to say that it was a disgrace to the town and a bad example to the young people. The men did not want to interfere, but at last the ladies forced the Baptist minister – Miss Emily's people were Episcopal – to call upon her. He would never divulge what happened during that interview, but he refused to go back again. The next Sunday they again drove about the streets, and the following day the minister's wife wrote to Miss Emily's relations in Alabama.

So she had blood-kin under her roof again and we sat back to watch developments. At first nothing happened. Then we were sure that they were to

«Nun ja, gewiss», sagte der Drogist. «Wenn Sie gerade das wollen. Aber das Gesetz erfordert, dass Sie sagen, wozu Sie es verwenden wollen.»

Miss Emily starrte ihn bloß an, den Kopf zurückgeworfen, dass sie ihn Auge in Auge mustern konnte, bis er wegsah und ging und das Arsen holte und einwickelte. Der schwarze Laufjunge brachte ihr das Päckchen; der Drogist kam nicht zurück. Als sie das Paket zu Hause öffnete, stand auf der Schachtel unter dem Totenkopf und den zwei Knochen: «Für Ratten».

4

So sagten wir alle am nächsten Tag: «Sie wird sich umbringen»; und wir sagten, es wäre das Beste. Als man sie anfangs mit Homer Barron sah, hatten wir gesagt: «Sie wird ihn heiraten.» Dann meinten wir: «Sie wird ihn doch noch herumkriegen», weil Homer selbst geäußert hatte – er liebte Männergesellschaft, und es war bekannt, dass er mit den Jüngeren im Elchklub trank – er tauge nicht zum Ehemann. Später sagten wir hinter den Jalousien, wenn sie Sonntag nachmittags in ihrem spiegelblanken Jagdwagen vorbeifuhren: «Arme Emily». – Miss Emily mit hocherhobenem Kopf und Homer Barron mit zurückgeschobenem Hut und einer Zigarre zwischen den Zähnen, mit Zügel und Peitsche und gelben Handschuhen.

Dann allmählich sagten einige Damen, es sei eine Schande für die Stadt und ein schlechtes Beispiel für die Jugend. Die Männer wollten sich nicht einmischen, aber schließlich zwangen die Damen den Baptistenpfarrer – Miss Emilys Familie war episkopal – sie aufzusuchen. Er wollte niemals verraten, was im Verlaufe dieser Unterredung geschah, aber er lehnte es ab, nochmals hinzugehen. Am nächsten Sonntag fuhren sie wieder in den Straßen herum, und am folgenden Tage schrieb die Frau des Pfarrers an Emilys Verwandte in Alabama.

So hatte sie wieder Blutsverwandte unter ihrem Dach, und wir saßen und beobachteten die weitere Entwicklung. Erst passierte nichts. Dann waren wir überzeugt, dass sie

be married. We learned that Miss Emily had been to the jeweler's and ordered a man's toilet set in silver, with the letters H. B. on each piece. Two days later we learned that she had bought a complete outfit of men's clothing, including a nightshirt, and we said, "They are married." We were really glad. We were glad because the two female cousins were even more Grierson than Miss Emily had ever been.

So we were not surprised when Homer Barron – the streets had been finished some time since – was gone. We were a little disappointed that there was not a public blowing-off, but we believed that he had gone on to prepare for Miss Emily's coming, or to give her a chance to get rid of the cousins. (By that time it was a cabal, and we were all Miss Emily's allies to help circumvent the cousins.) Sure enough, after another week they departed. And, as we had expected all along, within three days Homer Barron was back in town. A neighbor saw the Negro man admit him at the kitchen door at dusk one evening.

And that was the last we saw of Homer Barron. And of Miss Emily for some time. The Negro man went in and out with the market basket, but the front door remained closed. Now and then we would see her at a window for a moment, as the men did that night when they sprinkled the lime, but for almost six months she did not appear on the streets. Then we knew that this was to be expected too; as if that quality of her father which had thwarted her woman's life so many times had been too virulent and too furious to die.

When we next saw Miss Emily, she had grown fat and her hair was turning gray. During the next few years it grew grayer and grayer until it attained an even pepper-and-salt iron-gray, when it ceased turning. Up to the day of her death at

heiraten würden. Wir erfuhren, dass Miss Emily beim Juwelier gewesen war und eine silberne Toilettengarnitur für einen Herrn bestellt hatte, mit den Buchstaben H. B. auf jedem Stück. Zwei Tage später hörten wir, dass sie eine vollständige Ausstattung an Herrengarderobe bestellt hatte, sogar ein dazugehöriges Nachthemd, und wir sagten: «Sie sind verheiratet.» Wir waren wirklich froh. Wir waren froh, weil die beiden Kusinen noch mehr Grierson waren, als Miss Emily es jemals gewesen.

Deshalb waren wir nicht überrascht, als Homer Barron – die Straßen waren vor einiger Zeit fertig geworden – verschwand. Wir waren ein wenig enttäuscht, dass es keine öffentliche Abschiedsfeier gegeben hatte, aber wir meinten, er sei weggefahren, um Vorbereitungen für Miss Emilys Ankunft zu treffen oder ihr die Möglichkeit zu geben, die Kusinen abzuschütteln. (Es gab um diese Zeit eine Verschwörung, und wir waren alle Miss Emilys Verbündete, um die Kusinen zu überlisten.) Und wirklich, nach einer weiteren Woche reisten sie ab. Und wie wir es längst erwartet hatten: innerhalb von drei Tagen war Homer Barron wieder in der Stadt. Ein Nachbar sah, wie der Neger ihn eines Abends in der Dämmerung zur Küchentür einließ.

Das war das Letzte, was wir von Homer Barron zu sehen bekamen. Und auch eine Zeit lang von Miss Emily. Der Neger ging mit dem Marktkorb ein und aus, aber die Vordertür blieb geschlossen. Ab und zu bekamen wir sie für einen Augenblick am Fenster zu sehen, wie zum Beispiel die Männer in jener Nacht, als sie den Kalk streuten, doch fast sechs Monate lang erschien sie nicht auf der Straße. Dann wussten wir, dass auch dies nicht überraschend war: als ob jene Eigenart ihres Vaters, die ihr Leben als Frau so nachhaltig hatte verkümmern lassen, zu stark und zu wild gewesen wäre, um zu sterben.

Als wir Miss Emily danach wiedersahen, war sie dick geworden und ihr Haar färbte sich schon grau. Während der nächsten paar Jahre wurde es grauer und grauer, bis es ein gleichmäßiges gesprenkeltes Eisengrau annahm; so blieb es dann. Bis zum Tage ihres Todes mit vierundsiebzig Jah-

seventy-four it was still that vigorous iron-gray, like the hair of an active man.

From that time on her front door remained closed, save for a period of six or seven years, when she was about forty, during which she gave lessons in china-painting. She fitted up a studio in one of the downstairs rooms, where the daughters and granddaughters of Colonel Sartoris' contemporaries were sent to her with the same regularity and in the same spirit that they were sent to church on Sunday with a twenty-five cent piece for the collection plate. Meanwhile her taxes had been remitted.

Then the newer generation became the backbone and the spirit of the town, and the painting pupils grew up and fell away and did not send their children to her with boxes of color and tedious brushes and pictures cut from the ladies' magazines. The front door closed upon the last one and remained closed for good. When the town got free postal delivery, Miss Emily alone refused to let them fasten the metal numbers above her door and attach a mailbox to it. She would not listen to them.

Daily, monthly, yearly we watched the Negro grow grayer and more stooped, going in and out with the market basket. Each December we sent her a tax notice, which would be returned by the post office a week later, unclaimed. Now and then we would see her in one of the downstairs windows – she had evidently shut up the top floor of the house – like the carven torso of an idol in a niche, looking or not looking at us, we could never tell which. Thus she passed from generation to generation – dear, inescapable, impervious, tranquil, and perverse.

And so she died. Fell ill in the house filled with dust and shadows, with only a doddering Negro man to wait on her. We did not even know she was sick; we had long since given up trying to get any

ren behielt es dieses kräftige Eisengrau wie das Haar eines rüstigen Mannes.

Von jener Zeit an blieb ihre Haustür geschlossen, mit Ausnahme einer Spanne von sechs oder sieben Jahren, als sie um die vierzig war; während dieser Zeit gab sie Unterricht im Porzellanmalen. Sie richtete in einem der Zimmer des Erdgeschosses ein Atelier ein, und dorthin wurden die Töchter und Enkelinnen der Zeitgenossen von Colonel Sartoris mit derselben Regelmäßigkeit und im selben Geist zu ihr geschickt wie sonntags mit einem Fünfundzwanzig-Cent-Stück für den Kollektenteller zur Kirche. Inzwischen waren ihr die Steuern erlassen worden.

Dann aber wurde die junge Generation zum Rückgrat und zur Seele unserer Stadt, die Malschülerinnen wurden erwachsen und blieben aus und schickten auch ihre Kinder nicht mehr mit Farbkästen und öden Pinseln und Bildern aus einer Damenzeitschrift zu ihr. Die Haustür schloss sich hinter der letzten Schülerin und blieb dann für immer geschlossen. Als die Stadt freie Postzustellung bekam, weigerte sich einzig Miss Emily, eine metallene Hausnummer über ihrer Tür und einen Briefkasten neben der Tür anbringen zu lassen. Sie wollte nichts davon wissen.

Durch Tage, Monate, Jahre sahen wir den Neger grauer und gebückter werden, wenn er mit dem Marktkorb ein- und ausging. Jeden Dezember schickten wir ihr einen Steuerbescheid, der eine Woche später durch das Postamt mit dem Vermerk « Annahme verweigert » zurückkam. Dann und wann sahen wir sie an einem ihrer unteren Fenster – sie hatte offenbar das Obergeschoß des Hauses abgeschlossen – wie den geschnitzten Torso eines Götzenbildes in einer Nische; ob sie uns ansah oder nicht, wussten wir nie zu sagen. So ging sie von Generation zu Generation – kostbar, unentrinnbar, unzugänglich, gelassen und störrisch.

Und so starb sie. Wurde krank in dem Haus, das voller Staub und Schatten war; nur der altersschwache Neger pflegte sie. Wir wussten nicht einmal, dass sie krank war; wir hatten es längst aufgegeben, von dem Neger etwas

information from the Negro. He talked to no one, probably not even to her, for his voice had grown harsh and rusty, as if from disuse.

She died in one of the downstairs rooms, in a heavy walnut bed with a curtain, her gray head propped on a pillow yellow and moldy with age and lack of sunlight.

5

The Negro met the first of the ladies at the front door and let them in, with their hushed, sibilant voices and their quick, curious glances, and then he disappeared. He walked right through the house and out the back and was not seen again.

The two female cousins came at once. They held the funeral on the second day, with the town coming to look at Miss Emily beneath a mass of bought flowers, with the crayon face of her father musing profoundly above the bier and the ladies sibilant and macabre; and the very old men – some in their brushed Confederate uniforms – on the porch and the lawn, talking of Miss Emily as if she had been a contemporary of theirs, believing that they had danced with her and courted her perhaps, confusing time with its mathematical progression, as the old do, to whom all the past is not a diminishing road but, instead, a huge meadow which no winter ever quite touches, divided from them now by the narrow bottleneck of the recent decade of years.

Already we knew that there was one room in that region above stairs which no one had seen in forty years, and which would have to be forced. They waited until Miss Emily was decently in the ground before they opened it.

The violence of breaking down the door seemed to fill this room with pervading dust. A thin, acrid pall as of the tomb seemed to lie everywhere upon this room decked and furnished as for a bridal:

zu erfahren. Er sprach mit keinem, wahrscheinlich nicht einmal mit ihr, denn seine Stimme war rauh und rostig geworden, als wäre sie lange nicht gebraucht worden.

Sie starb in einem der unteren Räume in einem schweren Nussbaumbett mit einem Vorhang, den grauen Kopf auf ein Kissen gelehnt, das vom Alter und Mangel an Sonnenlicht gelb und stockfleckig war.

5

Der Neger empfing die ersten Damen an der Haustür und ließ sie ein mit ihren gedämpften, zischelnden Stimmen und ihren raschen, neugierigen Blicken, und dann verschwand er. Er ging mitten durch das Haus und die Hintertür und wurde nie mehr gesehen.

Die beiden Kusinen kamen sofort. Sie hielten das Begräbnis am zweiten Tag ab, und die Stadt kam, um Miss Emily unter einer Menge gekaufter Blumen zu sehen; das Kreideantlitz ihres Vaters blickte tiefsinnig über die Bahre auf die zischelnden und makaber gestimmten Damen; und die sehr alten Herren – einige in ihren gutgebürsteten Uniformen aus dem Bürgerkrieg – standen auf der Veranda und dem Rasenplatz und sprachen von Miss Emily, als wäre sie ihre Zeitgenossin gewesen; sie meinten mit ihr getanzt und ihr vielleicht den Hof gemacht zu haben; sie brachten die Zeit mit ihrem mathematischen Fortschreiten durcheinander, wie alte Leute es tun, denen die Vergangenheit keine sich verjüngende Straße ist, sondern eine große Wiese, die kein Winter wirklich berührt, und die jetzt durch den Engpass der letztvergangenen Jahrzehnte von ihnen abgetrennt ist.

Wir wussten bereits, dass sich irgendwo da oben im Haus ein Zimmer befand, das seit vierzig Jahren niemand gesehen hatte und das man nun würde aufbrechen müssen. Man wartete, bis Miss Emily ordnungsgemäß beerdigt war, ehe man es öffnete.

Die Gewaltsamkeit des Türaufbrechens schien den Raum mit durchdringendem Staub zu füllen. Wie ein dünnes, scharfes Leichentuch aus einer Gruft lag er über jedem Ding in diesem Raum, der wie zu einer Brautnacht geschmückt

upon the valance curtains of faded rose color, upon the rose-shaded lights, upon the dressing table, upon the delicate array of crystal and the man's toilet things backed with tarnished silver, silver so tarnished that the monogram was obscured. Among them lay a collar and tie, as if they had just been removed, which, lifted, left upon the surface a pale crescent in the dust. Upon a chair hung the suit, carefully folded; beneath it the two mute shoes and the discarded socks.

The man himself lay in the bed.

For a long while we just stood there, looking down at the profound and fleshless grin. The body had apparently once lain in the attitude of an embrace, but now the long sleep that outlasts love, that conquers even the grimace of love, had cuckolded him. What was left of him, rotted beneath what was left of the nightshirt, had become inextricable from the bed in which he lay; and upon him and upon the pillow beside him lay that even coating of the patient and biding dust.

Then we noticed that in the second pillow was the indentation of a head. One of us lifted something from it, and leaning forward, that faint and invisible dust dry and acrid in the nostrils, we saw a long strand of iron-gray hair.

und hergerichtet war; er lag auf den Bettgardinen in verblichener Rosenfarbe, auf den rosa Lampenschirmen, auf dem Frisiertisch, auf dem zierlich geordneten Kristall und den Toilettengegenständen mit blindem Silberrücken; Herrenutensilien – und das Silber so blind, dass das Monogramm verblasst war. Dazwischen lagen ein Kragen und ein Schlips, als wären sie eben abgelegt worden; sie hinterließen, als wir sie hochhoben, einen bleichen Halbmond im Staub der Fläche. Auf dem Stuhl lag sorgsam gefaltet der Anzug; darunter zwei stumme Schuhe und die ausgezogenen Socken.

Der Mann selber lag im Bett.

Lange standen wir bloß da und blickten hinab auf das tiefgründige, fleischlose Grinsen. Der Körper hatte offenbar einst in der Haltung einer liebenden Umarmung gelegen, aber jetzt hatte der lange Schlaf, der die Liebe, der auch das Zerrbild der Liebe überdauert, ihn zum betrogenen Ehemann gemacht. Was von ihm übriggeblieben war, verweste unter den Resten des Nachthemds, war nicht mehr zu trennen von dem Bett, in dem er lag; und auf ihm und auf dem Kissen neben ihm lag die alles gleichermaßen deckende Schicht von geduldigem, beharrlichem Staub.

Dann bemerkten wir, dass in das zweite Kissen ein Kopf eine Mulde gedrückt hatte. Einer von uns hob etwas vom Kissen, und als wir uns vorbeugten und der feine unsichtbare Staub trocken und beißend zu uns aufstieg, sahen wir: es war eine lange Strähne von eisengrauem Haar.

F. Scott Fitzgerald: A Patriotic Short

Pat Hobby, the writer and the Man, had his great
success in Hollywood during what Irvin Cobb
refers to as "the mosaic swimming-pool age –
just before the era when they had to have a shin-
bone of St Sebastian for a clutch lever."

Mr Cobb no doubt exaggerates, for when Pat
had his pool in those fat days of silent pictures,
it was entirely cement, unless you should count
the cracks where the water stubbornly sought
its own level through the mud.

"But it *was* a pool," he assured himself one afternoon more than a decade later. Though he was
now more than grateful for this small chore he
had assigned him by producer Berners – one week
at two-fifty – all the insolence of office could not
take that memory away.

He had been called in to the studio to work upon
a humble short. It was based on the career of General Fitzhugh Lee, who fought for the Confeder-
acy and later for the U.S.A. against Spain – so it
would offend neither North nor South. And in
the recent conference Pat had tried to co-operate.

"I was thinking –" he suggested to Jack Berners,
"that it might be a good thing if we could give it
a Jewish touch."

"What do you mean?" demanded Jack Berners
quickly.

"Well I thought – the way things are and all,
it would be a sort of good thing to show that
there were a number of Jews in it too."

"In what?"

"In the Civil War." Quickly he reviewed his
meager history. "They were, weren't they?"

"Naturally," said Berners, with some impa-
tience. "I suppose everybody was except the
Quakers."

F. Scott Fitzgerald: Ein patriotischer Kurzfilm

Pat Hobby erntete als Schriftsteller und Persönlichkeit seine großen Erfolge in Hollywood zu einer Zeit, die Irvin Cobb als die «Mosaikswimmingpool-Periode» bezeichnet, «also kurz vor der Ära, in der man ein Schienbein des heiligen Sebastian als Schalthebel im Auto haben musste.»

Mr Cobb übertreibt natürlich, denn Pats Schwimmbad in jenen fetten Stummfilmjahren war vollkommen aus Zement, abgesehen von den Rissen, durch die sich das Wasser beharrlich ins Erdreich verlief.

«Aber ein Swimmingpool war es trotz allem», versicherte er sich selbst eines Nachmittags mehr als zehn Jahre später. Wenn er jetzt auch um den kleinen Posten zu zweifünfzig die Woche, den ihm der Regisseur Berners zugeschanzt hatte, heilfroh sein musste, so konnte doch aller Hochmut der Oberen ihm diese Erinnerung nicht rauben.

Er war in das Studio berufen worden, um einen bescheidenen Kurzfilm zu bearbeiten. Dem Film lag die Laufbahn des Generals Fitzhugh Lee zugrunde, der erst für die Konföderation der Südstaaten und später für die USA gegen Spanien gekämpft hatte – so etwas konnte weder den Norden noch den Süden verschnupfen. Und neulich bei der Besprechung hatte Pat versucht, sein Teil beizutragen.

«Ich habe mir gedacht», eröffnete er Jack Berners, «dass es nicht schaden könnte, auch etwas von den Juden mit hereinzunehmen.»

«Was meinen Sie damit?» fragte Jack Berners schnell.

«Nun, ich meine, so wie die Dinge nun einmal stehen, sollte man eigentlich zeigen, dass auch ein paar Juden dabei gewesen sind.»

«Wo?»

«Im Bürgerkrieg,» Hastig überprüfte er seine mageren Geschichtskenntnisse. «Es waren doch welche dabei, oder vielleicht nicht?»

«Selbstverständlich», erwiderte Berners etwas ungeduldig. «Vermutlich war von allen jemand dabei, außer von den Quäkern.»

"Well, my idea was that we could have this Fitzhugh Lee in love with a Jewish girl. He's going to be shot at curfew so she grabs a church bell –"

Jack Berners leaned forward earnestly.

"Say, Pat, you want this job, don't you? Well, I told you the story. You got the first script. If you thought up this tripe to please me you're losing your grip."

Was that a way to treat a man who had once owned a pool which had been talked about by –

That was how he happened to be thinking about his long-lost swimming pool as he entered the shorts department. He was remembering a certain day over a decade ago in all its details how he had arrived at the studio in his car driven by a Filipino in uniform; the deferential bow of the guard at the gate which had admitted car and all to the lot, his ascent to that long-lost office which had a room for the secretary and was really a director's office...

His reverie was broken off by the voice of Ben Brown, head of the shorts department, who walked him into his own chambers.

"Jack Berners just phoned me," he said. "We don't want any new angles, Pat. We've got a good story. Fitzhugh Lee was a dashing cavalry commander. He was a nephew of Robert E. Lee and we want to show him at Appomattox, pretty bitter and all that. And then show how he became reconciled – we'll have to be careful because Virginia is swarming with Lees and how he finally accepts a U.S. commission from President McKinley –"

Pat's mind darted back again into the past. The President – that was the magic word that had gone around that morning many years ago. The President of the United States was going to make

« Na also, mein Gedanke war jedenfalls, wir lassen diesen Fitzhugh Lee in ein jüdisches Mädchen verliebt sein. Er soll beim Abendläuten erschossen werden, sie aber klaut die Glocke und... »

Jack Berners lehnte sich mit ernstem Gesicht vor.

« Hören Sie, Pat, es liegt Ihnen doch etwas an diesem Auftrag, nicht wahr? Also, ich habe Ihnen die Story erzählt, Sie haben die Rohfassung bekommen. Wenn Sie sich diesen Quatsch ausgedacht haben, um bei mir Eindruck zu schinden, sind Sie auf dem Holzweg. »

War das die Art, einen Mann zu behandeln, der einen vielbeachteten Swimmingpool besessen hatte?

Mit derlei Gedanken seinem einstigen Schwimmbad nachtrauernd, betrat Pat die Kurzfilmabteilung. Er erinnerte sich bis in die kleinsten Einzelheiten an einen Tag, der nun schon über zehn Jahre zurücklag: Wie er in seinem Wagen, den ein livrierter Filipino fuhr, vor dem Studio angekommen war; die untertänige Verbeugung des Wächters, der sie durch seine Schranke in das Gelände einbiegen ließ, und wie er dann zu seinem ehemaligen Büro hinauffuhr, das einen eigenen Raum für die Sekretärin hatte und geradezu eines Direktors würdig war...

Seine Träumerei wurde von der Stimme Ben Browns unterbrochen, dem Leiter der Kurzfilmabteilung, der ihn jetzt in seine Büroräume dirigierte.

« Gerade hat mich Jack Berners angerufen », sagte er. « Wir brauchen keine neuen Gesichtspunkte, Pat. Wir haben doch schon eine gute Story. Fitzhugh Lee war ein schneidiger Kavalleriekommandeur. Er war ein Neffe von Robert E. Lee, und wir wollen ihn zeigen, wie er in Appomattox war, verbittert und so. Dann zeigen wir, wie er sich versöhnen ließ – dabei heißt es aufpassen, weil es in Virginia von Lees wimmelt, und wie er schließlich von Präsident McKinley ein U.S.-Kommando übertragen bekommt... »

Pats Gedanken huschten wieder in die Vergangenheit zurück. « Präsident » – ja, das war das Zauberwort, das eines Morgens vor vielen Jahren die Runde gemacht hatte. Der Präsident der Vereinigten Staaten wollte dem Film-

a visit to the lot. Everyone had been agog about it – it seemed to mark a new era in pictures, because a President of the United States had never visited a studio before. The executives of the company were all dressed up – from a window of his long-lost Beverly Hills house Pat had seen Mr Maranda, whose mansion was next door to him, bustle down his walk in a cutaway coat at nine o'clock and had known that something was up. He thought maybe it was clergy, but when he reached the lot he had found it was the President of the United States himself who was coming ...

"Clean up the stuff about Spain," Ben Brown was saying. "The guy that wrote it was a red and he's got all the Spanish officers with ants in their pants. Fix up that."

In the office assigned him Pat looked at the script of *True to Two Flags*. The first scene showed General Fitzhugh Lee at the head of his cavalry receiving word that Petersburg had been evacuated. In the script Lee took the blow in pantomime, but Pat was getting two-fifty a week – so, casually and without effort, he wrote in one of his favorite lines:

LEE: *(to his officers)*
Well, what are you standing here gawking for? do something!
6. Medium Shot. Officers pepping up, slapping each other on back, etc.
Dissolve to:

To what? Pat's mind dissolved once more into the glamorous past. On that happy day in the twenties his phone had rung at about noon. It had been Mr Maranda.

"Pat, the President is lunching in the private dining room. Doug Fairbanks can't come so there's a place empty and anyhow we think there ought to be one writer there."

gelände einen Besuch abstatten. Alles war gespannt darauf
– schien es doch auf eine neue Epoche des Films hinzudeu-
ten, da noch nie zuvor ein Präsident der Vereinigten Staaten
ein Studio besucht hatte. Die Vorstandsmitglieder der Gesellschaft waren alle in Schale; von einem Fenster seines
damaligen Hauses in Beverly Hills konnte Pat beobachten,
wie um neun Uhr Mr Maranda, der die Nachbarvilla be-
wohnte, im Cut den Weg hinuntereilte, und wusste, dass
etwas los war. Er dachte, es sei vielleicht etwas Kirchliches,
aber an Ort und Stelle erfuhr er, dass der Präsident der
Vereinigten Staaten persönlich erwartet wurde...

«Bringen Sie die Sache mit Spanien ins Lot», hörte er
Ben Brown sagen. «Der Kerl, der das geschrieben hat, muss
ein Roter gewesen sein, sonst würden doch nicht sämtliche
spanischen Offiziere bei ihm in die Hose machen. Stellen
Sie das richtig!»

In dem ihm zugewiesenen Büro warf Pat einen Blick in
das Drehbuch von «Treue unter zwei Flaggen». Die erste
Szene zeigte, wie General Fitzhugh Lee an der Spitze seiner
Kavallerie die Meldung erhält, dass Petersburg (Virginia)
geräumt worden ist. Im Drehbuch sollte Lee diesen Schick-
salsschlag pantomimisch hinnehmen, aber schließlich bekam Pat zweifünfzig die Woche, und so streute er zwang-
los und mit leichter Hand einen seiner Lieblingssätze ein:

LEE: *(zu seinen Offizieren)*
*Na und? Was stehen Sie hier herum und halten Maul-
affen feil? Tun Sie lieber etwas!*

*6. Halbtotale: Die Offiziere raffen sich auf, schlagen ein-
ander auf die Schultern, usw.*

Überblenden auf:

Auf was? Pats Gedanken blendeten erneut auf die glor-
reiche Vergangenheit über. An jenem Glückstag in den
zwanziger Jahren hatte mittags sein Telephon geklingelt.
Am Apparat war Mr Maranda.

«Pat, der Präsident speist im privaten Esszimmer. Doug
Fairbanks kann nicht kommen, deshalb ist ein Platz frei,
und wir haben uns sowieso gedacht, dass auch ein Dreh-
buchautor dabei sein sollte.»

His memory of the luncheon was palpitant with glamor. The Great Man had asked some questions about pictures and had told a joke and Pat had laughed and laughed with the others – all of them solid men together – rich, happy and successful.

Afterwards the President was to go on some sets and see some scenes taken and still later he was going to Mr Maranda's house to meet some of the women stars at tea. Pat was not invited to that party but he went home early anyhow and from his veranda saw the cortège drive up, with Mr Maranda beside the President in the back seat. Ah, he was proud of pictures then – of his position in them – of the President of the happy country where he was born...

Returning to reality Pat looked down at the script of *True to Two Flags* and wrote slowly and thoughtfully: *Insert: A calendar – with the years plainly marked and the sheets blowing off in a cold wind, to show Fitzhugh Lee growing older and older.*

His labors had made him thirsty – not for water, but he knew better than to take anything else his first day on the job. He got up and went out into the hall and along the corridor to the water-cooler.

As he walked he slipped back into his reverie.

That had been a lovely California afternoon, so Mr Maranda had taken his exalted guest and the coterie of stars into his garden, which adjoined Pat's garden. Pat had gone out his back door and followed a low privet hedge keeping out of sight – and then accidentally had come face to face with the Presidential party.

The President had smiled and nodded. Mr Maranda smiled and nodded.

"You met Mr Hobby at lunch," Mr Maranda said to the President. "He's one of our writers."

In seiner Erinnerung schwang noch immer das zauberhafte Erlebnis dieses Essens nach. Der große Mann wollte von ihm einiges über den Film wissen und machte dann einen Witz, über den Pat und die anderen, alles gediegene, reiche, glückliche und erfolgreiche Männer, aus vollem Halse lachten.

Danach wollte man dem Präsidenten ein paar Szenerien und Aufnahmen zeigen, und schließlich sollte er beim Tee in Mr Marandas Haus einige der weiblichen Stars kennenlernen. Pat war dazu nicht eingeladen, aber er ging trotzdem früh nach Haus und sah von seiner Veranda aus der Auffahrt zu; Mr Maranda thronte neben dem Präsidenten auf dem Rücksitz. Wie war Pat damals stolz auf den Film, auf die Stellung, die er innehatte, auf den Präsidenten des glücklichen Landes, in dem er geboren war...

Zur Wirklichkeit zurückkehrend fand Pat das Drehbuch von «Treue unter zwei Flaggen» vor seinen Augen und schrieb langsam und nachdenklich: *Einfügung: Ein Kalender mit deutlich angezeigten Jahren, dessen Blätter von einem kalten Wind fortgerissen werden, um anzudeuten, wie Fitzhugh Lee immer älter wird.*

Seine Anstrengungen hatten ihn durstig gemacht – nicht nach Wasser, wohlgemerkt. Aber er war klug genug, sich am ersten Tag seiner Tätigkeit nichts anderes zu genehmigen. Er stand auf, trat auf den Vorplatz hinaus und ging dann den Korridor entlang bis zum Trinkwasserautomaten.

Im Gehen glitt er in seine Träume zurück.

Es war ein prächtiger kalifornischer Nachmittag gewesen, und Mr Maranda hatte seinen begeisterten Gast und die ganze Stargesellschaft in seinen Garten geführt, der an Pats Garten grenzte. Pat war durch seine Hintertür und eine niedrige Ligusterhecke entlang gegangen, hinter der er nicht gesehen werden konnte, und stand mit einem Mal – rein zufällig – den hohen Herrschaften gegenüber.

Der Präsident lächelte und nickte, Mr Maranda lächelte und nickte.

«Sie haben Mr Hobby bei Tisch kennengelernt», sagte Mr Maranda. «Er ist einer unserer Autoren.»

"Oh, yes," said the President. "You write the pictures."

"Yes, I do," said Pat.

The President glanced over into Pat's property.

"I suppose," he said, "that you get lots of inspiration sitting by the side of that fine pool."

"Yes," said Pat. "Yes, I do."

... Pat filled his cup at the cooler. Down the hall there was a group approaching – Jack Berners, Ben Brown and several other executives and with them a girl to whom they were very attentive and deferential. He recognized her face – she was the girl of the year, the It Girl, the Oomph Girl, the Glamor Girl, the girl for whose services every studio was in violent competition.

Pat lingered over his drink. He had seen many phonies break in and break out again, but this girl was the real thing, someone to stir every pulse in the nation. He felt his own heart beat faster. Finally, as the procession drew near, he put down the cup, dabbed at his hair with his hand and took a step out into the corridor.

The girl looked at him – he looked at the girl. Then she took one arm of Jack Berners' and one of Ben Brown's and suddenly the party seemed to walk right through him – so that he had to take a step back against the wall.

An instant later Jack Berners turned around and said back to him, "Hello, Pat." And then some of the others threw half glances around but no one else spoke, so interested were they in the girl.

In his office, Pat looked at the scene, where President McKinley offers a United States commission to Fitzhugh Lee. Suddenly he gritted his teeth and bore down on his pencil as he wrote:

«Ganz richtig», sagte der Präsident. «Sie sind der Mann, der die Filme schreibt.»

«Ja», gab Pat zur Antwort.

Der Präsident warf einen Blick auf Pats Grundstück hinüber.

«Ich kann mir gut vorstellen», sagte er, «dass man nicht über Mangel an Einfällen zu klagen hat, wenn man an diesem herrlichen Swimmingpool sitzt.»

«Ja», sagte Pat. «Da haben Sie recht.»

… Pat füllte seinen Becher am Automaten. Vom Vorplatz her näherte sich eine Gruppe Menschen – Jack Berners, Ben Brown, mehrere andere Vorstandsmitglieder und zwischen ihnen ein Mädchen, um das sie alle ergeben herumscharwenzelten. Er erkannte ihr Gesicht: sie war das Mädchen des Jahres, das Mädchen schlechthin, die Sexbombe, das Glamour Girl, das Mädchen, um dessen Dienste sich die Studios förmlich rissen.

Pat ließ sich Zeit mit dem Trinken. Er hatte viele Blindgänger kommen und gehen sehen, aber dieses Mädchen schlug ein, sie würde den Puls der ganzen Nation beschleunigen. Pat fühlte sein eigenes Herz schneller schlagen. Endlich, als die Gruppe auf ihn zukam, stellte er seinen Becher ab, strich mit der Hand seine Haare zurecht und tat einen Schritt in den Korridor.

Das Mädchen sah ihn an, er sah das Mädchen an. Dann hakte sie auf der einen Seite bei Jack Berners, auf der anderen bei Ben Brown unter, und plötzlich schien die Gruppe geradewegs durch ihn hindurchgehen zu wollen, so dass er an die Wand zurücktreten musste.

Einen Augenblick später wandte sich Jack Berners um und warf ihm ein «Hello, Pat» über die Schulter zu. Noch ein paar von den anderen blickten flüchtig zurück, aber niemand mehr sagte etwas, so wichtig hatten sie es mit dem Mädchen.

In seinem Büro stierte Pat auf die Szene, in der Präsident McKinley dem General Fitzhugh Lee ein US-Kommando anbietet. Plötzlich knirschte er mit den Zähnen und schrieb, dass sich sein Bleistift tief in das Papier eingrub:

Mr President, you can take your commission and go straight to hell.

Then he bent down over his desk, his shoulders shaking as he thought of that happy day when he had had a swimming pool.

LEE:

Herr Präsident, nehmen Sie Ihr Kommando und gehen Sie zum Teufel!

Dann sank er über seinem Schreibtisch zusammen, und seine Schultern zuckten, weil er an jenen glücklichen Tag dachte, da er noch ein Schwimmbad hatte.

At the lake shore there was another rowboat drawn up. The two Indians stood waiting.

Nick and his father got in the stern of the boat and the Indians shoved it off and one of them got in to row. Uncle George sat in the stern of the camp rowboat. The young Indian shoved the camp boat off and got in to row Uncle George.

The two boats started off in the dark. Nick heard the oarlocks of the other boat quite a way ahead of them in the mist. The Indians rowed with quick choppy strokes. Nick lay back with his father's arm around him. It was cold on the water. The Indian who was rowing them was working very hard, but the other boat moved further ahead in the mist all the time.

"Where are we going, Dad?" Nick asked.

"Over to the Indian camp. There is an Indian lady very sick."

"Oh," said Nick.

Across the bay they found the other boat beached. Uncle George was smoking a cigar in the dark. The young Indian pulled the boat way up on the beach. Uncle George gave both the Indians cigars.

They walked up from the beach through a meadow that was soaking wet with dew, following the young Indian who carried a lantern. Then they went into the woods and followed a trail that led to the logging road that ran back into the hills. It was much lighter on the logging road as the timber was cut away on both sides. The young Indian stopped and blew out his lantern and they all walked on along the road.

They came around a bend and a dog came out barking. Ahead were the lights of the shanties where the Indian barkpeelers lived. More dogs rushed out at them. The two Indians sent them

Ernest Hemingway: Indianerlager

Am Seeufer war noch ein Ruderboot heraufgezogen. Die
beiden Indianer standen wartend da.

Nick und sein Vater setzten sich hinten in das eigene
Boot; die Indianer stießen es ab, und einer stieg ein, um
zu rudern. Onkel George saß im Heck des Indianer-Bootes.
Der junge Indianer stieß sein Boot ab und stieg ein, um
Onkel George zu rudern.

Die beiden Boote fuhren in die Dunkelheit hinaus. Nick
hörte das Geräusch von den Ruderdollen des anderen
Bootes ein ganzes Stück entfernt vor sich im Nebel. Die
Indianer ruderten mit schnellen, abgehackten Schlägen.
Nick legte sich zurück in den Arm seines Vaters. Auf dem
Wasser war es kalt. Der Indianer, der sie ruderte, arbeitete
angestrengt, aber das andere Boot entfernte sich immer
weiter im Nebel.

«Wo fahren wir hin, Dad?» fragte Nick.

«Rüber ins Indianerlager. Eine Indianerin dort ist sehr
krank.»

«Oh!» sagte Nick.

Jenseits der Bucht fanden sie das andere Boot schon an
Land gezogen. Onkel George rauchte im Dunkeln eine Zigarre. Der junge Indianer zog ihr eigenes Boot ein Stück
auf den Strand. Onkel George gab beiden Indianern
Zigarren.

Sie gingen vom Strand hinauf durch eine taufrische
Wiese und folgten dem jungen Indianer, der eine Laterne
trug. Dann kamen sie in den Wald und folgten einer Spur,
die auf den Holzfällerweg führte, der in den Hügeln verlief. Auf dem Holzfällerweg war es viel heller, weil die
Bäume zu beiden Seiten gefällt waren. Der junge Indianer
blieb stehen und blies seine Laterne aus, und sie gingen
alle weiter den Weg entlang.

Sie bogen um eine Wegkrümmung, und ein Hund kam
kläffend auf sie los. Vor ihnen waren die Lichter der
Blockhütten, in denen die indianischen Borkenschäler
lebten. Noch mehr Hunde stürzten auf sie los. Die beiden

back to the shanties. In the shanty nearest the road there was a light in the window. An old woman stood in the doorway holding a lamp.

Inside on a wooden bunk lay a young Indian woman. She had been trying to have her baby for two days. All the old women in the camp had been helping her. The men had moved off up the road to sit in the dark and smoke out of range of the noise she made. She screamed just as Nick and the two Indians followed his father and Uncle George into the shanty. She lay in the lower bunk, very big under a quilt. Her head was turned to one side. In the upper bunk was her husband. He had cut his foot very badly with an ax three days before. He was smoking a pipe. The room smelled very bad.

Nick's father ordered some water to be put on the stove, and while it was heating he spoke to Nick.

"This lady is going to have a baby, Nick," he said.

"I know," said Nick.

"You don't know," said his father. "Listen to me. What she is going through is called being in labor. The baby wants to be born and she wants it to be born. All her muscles are trying to get the baby born. That is what is happening when she screams."

"I see," Nick said.

Just then the woman cried out.

"Oh, Daddy, can't you give her something to make her stop screaming?" asked Nick.

"No. I haven't any anaesthetic," his father said. "But her screams are not important. I don't hear them because they are not important."

The husband in the upper bunk rolled over against the wall.

The woman in the kitchen motioned to the doctor that the water was hot. Nick's father went into the kitchen and poured about half of the water out of the big kettle into a basin. Into the water left in

Indianer jagten sie zu den Blockhütten zurück. In der Blockhütte, die dem Weg am nächsten lag, war ein Licht im Fenster.

Eine alte Frau stand auf der Türschwelle und hielt eine Lampe. Drinnen auf einer hölzernen Pritsche lag eine junge Indianerin. Seit zwei Tagen versuchte sie ihr Kind zu bekommen. Alle alten Frauen aus dem Lager hatten sich um sie bemüht. Die Männer hatten sich auf der Straße außer Hörweite gebracht und saßen rauchend im Dunkeln. Die Frau schrie gerade, als Nick und die beiden Indianer hinter seinem Vater und Onkel George die Blockhütte betraten. Sie lag sehr dick unter ihrem Federbett in der unteren Bettkoje. Ihr Kopf war zur Seite gedreht. In der oberen Bettkoje lag ihr Mann. Er hatte sich vor drei Tagen mit der Axt böse in den Fuß gehackt. Er rauchte eine Pfeife. Die Stube roch sehr schlecht.

Nicks Vater ließ Wasser auf den Herd stellen und sprach, während es heiß wurde, mit Nick.

«Nick», sagte er, «die Frau da bekommt ein Kind.»

«Ich weiß», sagte Nick.

«Du weißt nichts», sagte sein Vater. «Hör zu. Was sie jetzt durchmacht, nennt man Wehen. Das Kind will geboren werden, und sie will, dass es geboren wird. Alle ihre Muskeln strengen sich an, das Kind zu gebären. Das geschieht, wenn sie schreit.»

«Ach so», sagte Nick.

Gerade in dem Augenblick schrie die Frau auf.

«O Daddy, kannst du ihr nicht irgendwas geben, damit sie aufhört zu schreien?» fragte Nick.

«Nein», sagte sein Vater, «ich habe kein Betäubungsmittel. Aber ihr Schreien ist unwichtig. Ich höre es gar nicht, weil es unwichtig ist.»

Der Ehemann in der oberen Koje wälzte sich hinüber zur Wand.

Die Frau in der Küche bedeutete dem Doktor, dass das Wasser heiß sei. Nicks Vater ging in die Küche und goss ungefähr die Hälfte des Wassers aus dem großen Kessel in eine Schüssel. In das zurückgebliebene Wasser im Kessel

the kettle he put several things he unwrapped from a handkerchief.

"Those must boil," he said, and began to scrub his hands in the basin of hot water with a cake of soap he had brought from the camp. Nick watched his father's hands scrubbing each other with the soap. While his father washed his hands very carefully and thoroughly, he talked.

"You see, Nick, babies are supposed to be born head first but sometimes they're not. When they're not they make a lot of trouble for everybody. Maybe I'll have to operate on this lady. We'll know in a little while."

When he was satisfied with his hands he went in and went to work.

"Pull back that quilt, will you, George?" he said. "I'd rather not touch it."

Later when he started to operate Uncle George and three Indian men held the woman still. She bit Uncle George on the arm and Uncle George said, "Damn squaw bitch!" and the young Indian who had rowed Uncle George over laughed at him. Nick held the basin for his father. It all took a long time.

His father picked the baby up and slapped it to make it breathe and handed it to the old woman.

"See, it's a boy, Nick," he said. "How do you like being an interne?"

Nick said, "All right." He was looking away so as not to see what his father was doing.

"There. That gets it," said his father and put something into the basin.

Nick didn't look at it.

"Now," his father said, "there's some stitches to put in. You can watch this or not, Nick, just as you like. I'm going to sew up the incision I made."

Nick did not watch. His curiosity had been gone for a long time.

His father finished and stood up. Uncle George

legte er verschiedene Sachen, die er aus einem Taschentuch auswickelte.

«Die müssen kochen», sagte er und begann sich die Hände mit einem Stück Seife, das er aus dem Lager mitgebracht hatte, in der Schüssel mit heißem Wasser abzuschrubben. Nick beobachtete die Hände seines Vaters, die einander mit Seife abrieben. Während sich sein Vater sehr sorgfältig und gründlich die Hände wusch, redete er.

«Siehst du, Nick, eigentlich sollen Kinder mit dem Kopf zuerst zur Welt kommen, aber manchmal tun sie's nicht. Wenn sie's nicht tun, gibt es für alle große Schwierigkeiten. Vielleicht muss ich diese Frau operieren; es wird sich bald herausstellen. »

Als er mit seinen Händen zufrieden war, ging er hinein und an die Arbeit.

«Zieh mal das Federbett weg, ja, George?» sagte er. «Ich möchte es lieber nicht anfassen. »

Nachher, als er zu operieren anfing, hielten der Onkel und drei Indianer die Frau fest. Sie biss Onkel George in den Arm, und Onkel George sagte: «Verdammtes Indianerweib», und der junge Indianer, der Onkel George herübergerudert hatte, lachte ihm zu. Nick hielt seinem Vater die Schüssel. Das Ganze dauerte sehr lange.

Sein Vater nahm das Kind auf und schlug es, damit es atmete, dann reichte er es der alten Frau.

«Sieh mal, Nick, ein Junge», sagte er. «Na, wie gefällt's dir als Assistent?»

Nick sagte: «Gut. » Er blickte weg, um nicht zu sehen, was sein Vater machte. «So, da haben wir's», sagte sein Vater und tat etwas in die Schüssel.

Nick sah nicht hin.

«Jetzt», sagte der Vater, «muss ich noch ein paar Stiche machen. Du kannst zusehen oder nicht, Nick, wie du willst. Ich muss den Schnitt nähen, den ich gemacht habe. »

Nick sah nicht hin; mit seiner Neugier war es längst vorbei.

Sein Vater war fertig und stand auf. Onkel George und

and the three Indian men stood up. Nick put the basin out in the kitchen.

Uncle George looked at his arm. The young Indian smiled reminiscently.

"I'll put some peroxide on that, George," the doctor said.

He bent over the Indian woman. She was quiet now and her eyes were closed. She looked very pale. She did not know what had become of the baby or anything.

"I'll be back in the morning," the doctor said, standing up. "The nurse should be here from St. Ignace by noon and she'll bring everything we need."

He was feeling exalted and talkative as football players are in the dressing room after a game.

"That's one for the medical journal, George," he said. "Doing a Caesarian with a jack-knife and sewing it up with ninefoot, tapered gut leaders."

Uncle George was standing against the wall, looking at his arm.

"Oh, you're a great man, all right," he said.

"Ought to have a look at the proud father. They're usually the worst sufferers in these little affairs," the doctor said. "I must say he took it all pretty quietly."

He pulled back the blanket from the Indian's head. His hand came away wet. He mounted on the edge of the lower bunk with the lamp in one hand and looked in. The Indian lay with his face toward the wall. His throat had been cut from ear to ear. The blood had flowed down into a pool where his body sagged the bunk. His head rested on his left arm. The open razor lay, edge up, in the blankets.

"Take Nick out of the shanty, George," the doctor said.

There was no need of that. Nick, standing in the door of the kitchen, had a good view of the upper

die drei Indianer standen auch auf. Nick trug die Schüssel hinaus in die Küche.

Onkel George besah seinen Arm. Der junge Indianer lächelte erinnerungsvoll.

«Ich werde es dir mit Wasserstoff auswaschen, George», sagte der Doktor.

Er beugte sich über die Indianerin. Sie war jetzt still, und ihre Augen waren geschlossen. Sie sah sehr blass aus. Sie wusste nicht, was aus dem Kind geworden war, noch sonst etwas.

«Ich komme morgen früh wieder», sagte der Doktor, und richtete sich auf. «Die Pflegerin aus St. Ignace wird wohl gegen Mittag hier sein und alles, was wir brauchen, mitbringen.»

Er war aufgeregt und gesprächig, wie Footballspieler im Umkleideraum nach dem Kampf.

«Das ist was fürs medizinische Journal, George», sagte er, «ein Kaiserschnitt mit dem Jagdmesser und eine Naht mit einem neun Fuß langen gedrehten Darm.»

Onkel George stand an die Wand gelehnt und besah seinen Arm.

«Du bist'n großer Mann, aber gewiss doch», sagte er.

«Muss wohl noch einen Blick auf den stolzen Vater werfen. Gewöhnlich leiden die bei diesen kleinen Angelegenheiten am meisten», sagte der Doktor. «Ich muss sagen, der hier hat sich nicht sehr angestellt.»

Er zog dem Indianer die Decke vom Kopf. Seine Hand war nass. Er stieg auf die Kante der unteren Bettkoje, mit der Lampe in der Hand, und sah hinein. Der Indianer lag mit dem Gesicht zur Wand. Sein Hals war durchschnitten, von einem Ohr zum andern. Das Blut war, wo sein Körper die Bettkoje niederdrückte, zu einer Lache zusammengeflossen. Der Kopf ruhte auf dem linken Arm. Das offene Rasiermesser lag mit der Schneide nach oben zwischen den Decken.

«George, bring Nick raus», sagte der Doktor.

Das war überflüssig. Nick konnte von der Küchentür aus, wo er stand, genau sehen, was in der oberen Koje vorging,

bunk when his father, the lamp in one hand, tipped the Indian's head back.

It was just beginning to be daylight when they walked along the logging road back toward the lake.

"I'm terribly sorry I brought you along, Nickie," said his father, all his post-operative exhilaration gone. "It was an awful mess to put you through."

"Do ladies always have such a hard time having babies?" Nick asked.

"No, that was very, very exceptional."

"Why did he kill himself, Daddy?"

"I don't know, Nick. He couldn't stand things, I guess."

"Do many men kill themselves, Daddy?"

"Not very many, Nick."

"Do many women?"

"Hardly ever.

"Don't they ever?"

"Oh, yes. They do sometimes."

"Daddy?"

"Yes."

"Where did Uncle George go?"

"He'll turn up all right."

"Is dying hard, Daddy?"

"No, I think it's pretty easy, Nick. It all depends."

They were seated in the boat, Nick in the stern, his father rowing. The sun was coming up over the hills. A bass jumped, making a circle in the water. Nick trailed his hand in the water. It felt warm in the sharp chill of the morning.

In the early morning on the lake sitting in the stern of the boat with his father rowing, he felt quite sure that he would never die.

als sein Vater, der in einer Hand die Lampe hielt, den Kopf des Indianers zurücklegte.

Es fing gerade an zu dämmern, als sie den Holzfällerweg zurück zum See gingen.

«Tut mir schrecklich leid, Nickie, dass ich dich mitgenommen habe», sagte sein Vater. Verschwunden war die gehobene Stimmung, die der Operation gefolgt war. «Scheußlich, dass du das mitmachen musstest.»

«Müssen Frauen immer so viel ausstehen, um Kinder zu bekommen?» fragte Nick.

«Nein, das war ganz, ganz außergewöhnlich.»

«Warum hat er sich denn umgebracht, Daddy?»

«Ich weiß nicht, Nick. Wahrscheinlich konnte er es nicht aushalten.»

«Bringen sich viele Männer um, Daddy?»

«Nicht sehr viele, Nick.»

«Und Frauen?»

«Fast nie.»

«Überhaupt nicht?»

«O doch, manchmal.»

«Daddy?»

«Ja?»

«Wo ist denn Onkel George hin?»

«Der wird schon wieder auftauchen.»

«Ist Sterben schwer, Daddy?»

«Nein, ich glaube, es ist ziemlich leicht, Nick. Es kommt darauf an.»

Sie saßen im Boot, Nick im Heck; sein Vater ruderte. Die Sonne stieg über den Bergen auf. Ein Barsch kam hochgeschnellt und machte einen Kreis im Wasser. Nick ließ seine Hand im Wasser schleifen. Es fühlte sich warm an in der schneidenden Morgenkälte.

An diesem frühen Morgen auf dem See, als er im Heck des Bootes seinem rudernden Vater gegenübersaß, war er überzeugt, dass er niemals sterben würde.

Life was very hard for the Whipples. It was hard to feed all the hungry mouths, it was hard to keep the children in flannels during the winter, short as it was: "God knows what would become of us if we lived north," they would say: keeping them decently clean was hard. "It looks like our luck won't never let up on us," said Mr Whipple, but Mrs Whipple was all for taking what was sent and calling it good, anyhow when the neighbors were in earshot. "Don't ever let a soul hear us complain," she kept saying to her husband. She couldn't stand to be pitied. "No, not if it comes to it that we have to live in a wagon and pick cotton around the country," she said, "nobody's going to get a chance to look down on us."

Mrs Whipple loved her second son, the simple-minded one, better than she loved the other two children put together. She was forever saying so, and when she talked with certain of her neigh- bors, she would even throw in her husband and her mother for good measure.

"You needn't keep on saying it around," said Mr Whipple, "you'll make people think nobody else has any feelings about Him but you."

"It's natural for a mother," Mrs Whipple would remind him. "You know yourself it's more natural for a mother to be that way. People don't expect so much of fathers, some way."

This didn't keep the neighbors from talking plainly among themselves. "A Lord's pure mercy if He should die," they said. "It's the sins of the fathers," they agreed among themselves. "There's bad blood and bad doings somewhere, you can bet on that." This behind the Whip-

Katherine Anne Porter: Er

Die Whipples hatten es sehr schwer im Leben. Es war
schwer, all die hungrigen Mäuler zu stopfen; es war schwer,
genug wollenes Zeug für die Kinder zu beschaffen, auch
wenn die Winter kurz waren – «Weiß der Himmel, was
aus uns würde, wenn wir oben im Norden lebten», pflegten
sie zu sagen; sie alle sauber zu halten, wie es sich gehörte,
war schwer genug. «Man könnt grad meinen, wir wär'n
vom Pech verfolgt», sagte Mr Whipple; aber Mrs Whipple
gehörte zu denen, die die Dinge nehmen, wie sie kommen,
und sie gutheißen, jedenfalls wenn die Nachbarn in Hörweite waren. «Kein Wort der Klage, hörst du, zu keiner
Menschenseele», sagte sie immer wieder zu ihrem Mann.
Sie konnte es nicht ertragen, bemitleidet zu werden. «Nein,
auch wenn wir eines Tages im Zigeunerwagen hausen und
als Baumwollpflücker durchs Land ziehen müssen», erklärte sie, «auf uns soll keiner runtersehen können.»

Mrs Whipple liebte ihren zweitgeborenen Sohn, den Ein-
fältigen, mehr als die beiden anderen Kinder zusammen.
Sie versäumte nie eine Gelegenheit, das zu erwähnen, und
im Gespräch mit gewissen Nachbarn warf sie obendrein
noch die Liebe zu ihrem Mann und zu ihrer Mutter mit in
die Waagschale.

«Du brauchst es ja nicht so rumzuposaunen», sagte Mr
Whipple, «die Leute meinen am Ende noch, außer dir hätte
ihn keiner gern.»

«Für eine Mutter ist das doch nur natürlich», erinnerte
ihn Mrs Whipple. «Du weißt selbst, dass so etwas bei einer
Mutter selbstverständlicher ist. Von Vätern erwarten die
Leute irgendwie nicht so viel.»

Das hielt die Nachbarn jedoch nicht davon ab, unterein-
ander darüber zu klatschen, ohne ein Blatt vor den Mund
zu nehmen. «Es wäre ja direkt eine Gnade, wenn der Herr
ihn sterben ließe», sagten sie. «Das sind die Sünden der
Väter», stellten sie übereinstimmend fest. «Da ist irgendwo
böses Blut mit im Spiel, irgendwelche Schandtaten, darauf
könnt ihr Gift nehmen.» So hieß es hinter dem Rücken der

ples' backs. To their faces everybody said, "He's not so bad off. He'll be all right yet. Look how He grows!"

Mrs Whipple hated to talk about it, she tried to keep her mind off it, but every time anybody set foot in the house, the subject always came up, and she had to talk about Him first, before she could get on to anything else. It seemed to ease her mind. "I wouldn't have anything happen to Him for all the world, but it just looks like I can't keep Him out of mischief. He's so strong and active, He's always into everything; He was like that since He could walk. It's actually funny sometimes, the way He can do anything; it's laughable to see Him up to His tricks. Emly has more accidents; I'm forever tying up her bruises, and Adna can't fall a foot without cracking a bone. But He can do anything and not get a scratch. The preacher said such a nice thing once when he was here. He said, and I'll remember it to my dying day, 'The innocent walk with God – that's why He don't get hurt.'" Whenever Mrs Whipple repeated these words, she always felt a warm pool spread in her breast, and the tears would fill her eyes, and then she could talk about something else.

He did grow and He never got hurt. A plank blew off the chicken house and struck Him on the head and He never seemed to know it. He had learned a few words, and after this He forgot them. He didn't whine for food as the other children did, but waited until it was given Him; He ate squatting in the corner, smacking and mumbling. Rolls of fat covered Him like an overcoat, and He could carry twice as much wood and water as Adna. Emly had a cold in the head most of the time – "she takes that after me," said Mrs Whipple – so in bad weather they gave her

Whipples. Ins Gesicht aber sagte ihnen jeder: «So schlimm ist es gar nicht mit Ihm. Er kommt schon noch in Ordnung. Sehen Sie nur, wie Er wächst!»

Es war Mrs Whipple verhasst, über die Sache zu reden, sie versuchte, so wenig wie möglich daran zu denken; aber jedesmal, wenn jemand den Fuß über ihre Schwelle setzte, kam das Thema unweigerlich zur Sprache, und sie musste immer zuerst von Ihm erzählen, ehe sie auf andere Dinge zu sprechen kommen konnte. Es schien ihr das Herz zu erleichtern. «Um nichts in der Welt würde ich zulassen, dass Ihm etwas zustößt. Aber mir scheint, ich kann Ihn nicht davor bewahren, dass Er allen möglichen Unsinn ausheckt. Er ist so stark und so voller Tatendrang, Er muss immerzu etwas anstellen; so ist Er schon, seit Er laufen gelernt hat. Richtig komisch ist das manchmal, was Er so alles fertigbringt; ja, wirklich zum Lachen, wenn man Ihn so bei seinen Streichen beobachtet. Emly tut sich viel öfter weh; dauernd muss ich ihre Schrammen verpflastern, und Adna bricht sich bei jedem kleinsten Sturz 'nen Knochen. Aber Er kann anstellen, was Er will, und bekommt nicht einen Kratzer ab. Der Prediger hat einmal so was Schönes gesagt, als er hier war. Er hat gesagt – und das werd ich meiner Lebtag nicht vergessen –: ‹Gott ist mit denen, die reinen Herzens sind – darum stößt Ihm nie etwas zu.›» Und jedesmal, wenn Mrs Whipple diese Worte wiederholte, fühlte sie einen warmen Strom in ihrer Brust anschwellen, und ihre Augen füllten sich mit Tränen, und danach konnte sie dann über etwas anderes reden.

Er wuchs tatsächlich, und Er verletzte sich nie. Der Sturm riss ein Dachbrett vom Hühnerstall, und es traf Ihn am Kopf – Er schien es nicht einmal zu bemerken. Er konnte schon ein paar Worte sprechen damals, und danach vergaß Er sie eben wieder. Er quengelte nie wie die anderen Kinder, wenn Er etwas zu essen wollte, sondern wartete, bis man Ihm etwas gab; Er aß in eine Ecke gekauert, schmatzend und vor sich hinmurmelnd. Fettpolster hüllten Ihn ein wie ein Mantel, und Er konnte doppelt soviel Holz und Wasser tragen wie Adna. Emly litt fast ständig an Katarrh – «das hat sie von mir», meinte Mrs Whipple –, und so gaben sie

the extra blanket off His cot. He never seemed to mind the cold.

Just the same, Mrs Whipple's life was a torment for fear something might happen to Him. He climbed the peach trees much better than Adna and went skittering along the branches like a monkey, just a regular monkey. "Oh, Mrs Whipple, you hadn't ought to let Him do that. He'll lose His balance sometime. He can't rightly know what He's doing."

Mrs Whipple almost screamed out at the neighbor. "He does know what He's doing! He's as able as any other child! Come down out of there, you!"

When He finally reached the ground she could hardly keep her hands off Him for acting like that before people, a grin all over His face and her worried sick about Him all the time.

"It's the neighbors," said Mrs Whipple to her husband. "Oh, I do mortally wish they would keep out of our business. I can't afford to let Him do anything for fear they'll come nosing around about it. Look at the bees, now. Adna can't handle them, they sting him up so; I haven't got time to do everything, and now I don't dare let Him. But if He gets a sting He don't really mind."

"It's just because He ain't got sense enough to be scared of anything," said Mr Whipple.

"You ought to be ashamed of yourself," said Mrs Whipple, "talking that way about your own child. Who's to take up for Him if we don't, I'd like to know? He sees a lot that goes on, He listens to things all the time. And anything I tell Him to do He does it. Don't never let anybody hear you say such things. They'd think you favored the other children over Him."

"Well, now I don't, and you know it, and

ihr bei schlechtem Wetter die zweite Decke von seinem Bettchen. Ihm schien die Kälte nie etwas auszumachen.

Trotzdem war Mrs Whipples Leben eine einzige Qual, weil sie Angst hatte, es könnte Ihm etwas zustoßen. Er kletterte viel gewandter auf die Pfirsichbäume als Adna, und Er hangelte sich durch die Äste wie ein Affe, ja, wie ein richtiger Affe. «Herrjeh, Mrs Whipple, das hätten Sie Ihm besser nicht erlaubt. Er wird noch einmal das Gleichgewicht verlieren. Er kann ja gar nicht richtig wissen, was Er tut.»

Mrs Whipple schrie die Nachbarin beinahe an. «Er weiß *sehr wohl*, was Er tut! Er kann genauso viel wie jedes andere Kind! Komm sofort da runter, du!»

Als Er dann schließlich wieder auf dem Boden stand, hätte sie Ihm am liebsten eine Tracht Prügel verpasst, weil Er sich so aufgeführt hatte vor allen Leuten, und dabei auch noch von einem Ohr zum anderen grinste, wo sie die ganze Zeit halbkrank war vor Sorge um Ihn.

«Oh, diese Nachbarn!» sagte Mrs Whipple zu ihrem Mann. «Ich wünschte bei Gott, sie würden sich nicht ewig in unsere Angelegenheiten mischen. Ich kann Ihn überhaupt nichts mehr tun lassen, vor lauter Angst dass sie dann wieder ihre Nase reinstecken. Nimm nur mal die Bienen. Adna kann nicht mit ihnen umgehen, er ist hinterher immer ganz zerstochen; ich hab nicht die Zeit um mich um alles zu kümmern, und jetzt wage ich es auch nicht mehr, Ihn das machen zu lassen. Dabei macht es Ihm gar nichts aus, wenn Er gestochen wird.»

«Er hat eben nicht genug Grips, um sich vor irgendwas zu fürchten», meinte Mr Whipple.

«Du solltest dich was schämen», entgegnete Mrs Whipple, «so von deinem eigenen Kind zu reden. Wer soll denn sonst zu Ihm halten, wenn wir es nicht tun, möchte ich wissen. Er merkt sehr viel von dem, was vorgeht, Er hört die ganze Zeit genau zu. Und Er tut so brav alles, was ich Ihm auftrage. Dass du mir so was bloß nie vor anderen Leuten sagst! Die meinen am Ende noch, du würdest die anderen Kinder bevorzugen.»

«Aber das ist nun mal nicht der Fall, und du weißt es

what's the use of getting all worked up about it? You always think the worst of everything. Just let Him alone, He'll get along somehow. He gets plenty to eat and wear, don't He?" Mr Whipple suddenly felt tired out. "Anyhow, it can't be helped now."

Mrs Whipple felt tired too, she complained in a tired voice. "What's done can't never be undone, I know that as good as anybody; but He's my child, and I'm not going to have people say anything. I get sick of people coming around saying things all the time".

In the the early fall Mrs Whipple got a letter from her brother saying he and his wife and two children were coming over for a little visit next Sunday week. "Put the big pot in the little one," he wrote at the end. Mrs Whipple read this part out loud twice, she was so pleased. Her brother was a great one for saying funny things. "We'll just show him that's no joke," she said, "we'll just butcher one of the sucking pigs."

"It's a waste and I don't hold with waste the way we are now," said Mr Whipple. "That pig'll be worth money by Christmas."

"It's a shame and a pity we can't have a decent meal's vittles once in a while when my own family comes to see us," said Mrs Whipple. "I'd hate for his wife to go back and say there wasn't a thing in the house to eat. My God, it's better than buying up a great chance of meat in town. There's where you'd spend the money!"

"All right, do it yourself then," said Mr Whipple. "Christamighty, no wonder we can't get ahead!"

The question was how to get the little pig away from his ma, a great fighter, worse than a Jersey

genau; was soll also die ganze Aufregung? Du musst immer gleich das Schlechteste annehmen. Lass Ihn nur in Ruhe, Er wird schon irgendwie zurechtkommen. Er bekommt doch genug zu essen und anzuziehen, oder etwa nicht?» Mr Whipple fühlte sich plötzlich erschöpft. «Jedenfalls ist jetzt nichts mehr zu machen.»

Mrs Whipple fühlte sich auch erschöpft und klagte mit matter Stimme: «Was geschehen ist, lässt sich nicht ungeschehen machen, das weiß ich so gut wie jeder andere; aber Er ist mein Kind, und ich werde nicht zulassen, dass die Leute sich das Maul zerreißen. Ich habe es satt, dass die Leute immer herüberkommen und dummes Zeug reden.»

Im Frühherbst bekam Mrs Whipple einen Brief von ihrem Bruder, in dem er ihr mitteilte, dass er Sonntag in einer Woche mit seiner Frau und seinen beiden Kindern auf einen kleinen Besuch vorbeikäme. «Platz ist auch noch im kleinsten Kochtopf», schrieb er zum Schluss. Mrs Whipple war über diesen Teil des Briefes so erfreut, dass sie ihn zweimal laut vorlas. Ihr Bruder war wirklich ein großer Spaßvogel. «Wir wollen ihm zeigen, dass das kein Scherz ist», erklärte sie. «Wir schlachten einfach eins von den Spanferkeln.»

«Das ist die reinste Verschwendung, und ich finde, so wie es augenblicklich um uns bestellt ist, können wir uns Verschwendung nicht leisten», sagte Mr Whipple. «Bis Weihnachten ist das Ferkel gutes Geld wert.»

«Das ist weiß Gott eine Schande, dass wir uns nicht einmal alle heilige Zeiten eine anständige Mahlzeit leisten können, wenn meine leibliche Familie uns besuchen kommt», sagte Mrs Whipple. «Ich will auf keinen Fall, dass seine Frau hinterher behauptet, wir hätten keinen Bissen zu essen im Haus gehabt. Meine Güte, das ist doch immer noch besser als eine Menge Fleisch in der Stadt einzukaufen. Das würde dich erst recht Geld kosten!»

«Na gut, aber dann mach es selbst», sagte Mr Whipple. «Herrgottsakrament! Kein Wunder, dass wir nie vorankommen!»

Blieb nur noch die Frage, wie man das Ferkel seiner Mutter wegnehmen könnte, die sehr kampflustig war, schlim-

cow. Adna wouldn't try it: "That sow'd rip my insides out all over the pen." "All right, old fraidy," said Mrs Whipple, "*He's* not scared. Watch *Him* do it." And she laughed as though it was all a good joke and gave Him a little push towards the pen. He sneaked up and snatched the pig right away from the teat and galloped back and was over the fence with the sow raging at His heels. The little black squirming thing was screeching like a baby in a tantrum, stiffening its back and stretching its mouth to the ears. Mrs Whipple took the pig with her face stiff and sliced its throat with one stroke. When He saw the blood He gave a great jolting breath and ran away. "But He'd forget and eat plenty, just the same," thought Mrs Whipple. Whenever she was thinking, her lips moved making words. "He'd eat it all if I didn't stop Him. He'd eat up every mouthful from the other two if I'd let Him."

She felt badly about it. He was ten years old now and a third again as large as Adna, who was going on fourteen. "It's a shame, a shame," she kept saying under her breath, "and Adna with so much brains!"

She kept on feeling badly about all sorts of things. In the third place it was the man's work to butcher; the sight of the pig scraped pink and naked made her sick. He was too fat and soft and pitiful-looking. It was simply a shame the way things had to happen. By the time she had finished it up, she almost wished her brother would stay at home.

Early Sunday morning Mrs Whipple dropped everything to get Him all cleaned up. In an hour He was dirty again, with crawling under fences after a possum, and straddling along the rafters of the barn looking for eggs in the hayloft. "My Lord, look at you how after all

mer als eine Jersey-Blesse. Adna wollte es gar nicht erst versuchen: «Die Sau würd mich ja glatt zu Mus machen.» – «Schon gut, alter Angsthase», meinte Mrs Whipple. «*Er* hat keine Angst. Pass auf, *Er* macht's.» Sie lachte, als wäre die Sache nichts als ein gelungener Scherz, und gab Ihm einen kleinen Schubs auf den Schweinekoben zu. Er schlich sich heran, riss dem Muttertier das Ferkel von der Zitze weg, rannte zurück und setzte, die wutschnaubende Sau dicht auf den Fersen, über die Kobenwand. Das zappelnde kleine schwarze Ding kreischte wie ein wütender Säugling, machte den Rücken steif und riss das Mäulchen sperrweit auf. Mit versteinerter Miene packte Mrs Whipple das Ferkel und schnitt ihm mit einem einzigen Schnitt die Kehle durch. Als Er das Blut sah, entrang sich seiner Brust ein tiefer Seufzer, und Er lief weg. «Aber Er wird's vergessen und trotzdem tüchtig reinhauen», dachte Mrs Whipple. Immer wenn sie nachdachte, bewegte sie die Lippen wie beim Sprechen. «Er würde es auch ganz aufessen, wenn ich Ihn nicht davon abhielte. Er würde den andern beiden jeden Haps wegessen, wenn ich Ihn ließe.»

Das lag ihr schwer auf der Seele. Er war jetzt zehn und schon so viel größer und dicker als Adna, der auf vierzehn zuging. «Ein Elend, ein Elend ist das», murmelte sie immer wieder tonlos vor sich hin, «und dabei hat Adna doch so viel Verstand!»

Nun drückte ihr noch allerlei anderes schwer auf die Seele. Namentlich die Metzgerarbeit war schließlich Sache des Mannes; beim Anblick des bis auf die rosa Haut nacktgeschabten Ferkels wurde ihr übel. So fett und weich und so mitleiderregend. Es war schon ein Jammer, dass es so hatte kommen müssen. Als sie endlich mit der Arbeit fertig war, wünschte sie beinahe, ihr Bruder würde zu Hause bleiben.

Am Sonntagmorgen in aller Frühe ließ Mrs Whipple alles stehen und liegen, um Ihn gründlich zu säubern. In einer Stunde war Er wieder schmutzig, nachdem Er einem Opossum unter den Zäunen nachgekrochen und auf der Suche nach Eiern im Heu rittlings über die Balken in der Scheune gerutscht war. «Du lieber Himmel! Wie du wieder aus-

my trying! And here's Adna and Emly staying
so quiet. I get tired trying to keep you decent.
Get off that shirt and put on another, people
will say I don't half dress you!" And she
boxed Him on the ears, hard. He blinked and
blinked and rubbed His head, and His face
hurt Mrs Whipples feelings. Her knees began
to tremble, she had to sit down while she butt-
oned His shirt. "I'm just all gone before the
day starts."

The brother came with his plump healthy wife
and two great roaring hungry boys. They had a
grand dinner, with the pig roasted to a crackling
in the middle of the table, full of dressing, a
pickled peach in his mouth and plenty of gravy
for the sweet potatoes.

"This looks like prosperity all right," said the
brother; "you're going to have to roll me home
like I was a barrel when I'm done."

Everybody laughed out loud; it was fine to hear
them laughing all at once around the table. Mrs
Whipple felt warm and good about it.

"Oh, we've got six more of these; I say it's as
little as we can do when you come to see us so
seldom."

He wouldn't come into the dining room, and
Mrs Whipple passed it off very well. "He's timider
than my other two," she said, "He'll just have to
get used to you. There isn't everybody He'll make
up with, you know how it is with some children,
even cousins." Nobody said anything out of the
way.

"Just like my Alfy here," said the brother's
wife. "I sometimes got to lick him to make him
shake hands with his own grandmammy."

So that was over, and Mrs Whipple loaded
up a big plate for Him first, before everybody.
"I always say He ain't to be slighted, no matter

siehst, nach all der Mühe, die ich mir gegeben hab! Und Adna und Emly sind immer so brav. Ich werd's allmählich leid, dich immer wieder anständig herzurichten. Zieh das Hemd aus und ein anderes an, die Leute sagen sonst, ich zieh dich nicht ordentlich an!» Damit gab sie Ihm eine Ohrfeige. Er blinkte und blinzelte und rieb sich den Kopf, und das Gesicht das Er dabei machte, schnitt Mrs Whipple ins Herz. Ihre Knie begannen zu zittern, und sie musste sich setzen, während sie Ihm das Hemd zuknöpfte. «Ich bin fix und fertig, eh' der Tag angefangen hat.»

Dann kam der Bruder mit seiner drallen, gesunden Frau und zwei prächtigen, lärmenden, hungrigen Jungen. Es gab ein großartiges Mahl: das knusprig gebratene Spanferkel prangte prallgefüllt in der Mitte des Tischs, einen eingelegten Pfirsich im Maul, und dazu gab es jede Menge Soße über die Süßkartoffeln.

«Das sieht mir ja mächtig nach Wohlstand aus», bemerkte der Bruder; «ihr werdet mich wie eine Tonne nach Hause rollen müssen, wenn ich mit essen fertig bin.»

Da mussten alle laut lachen; es war schön, die ganze Runde um den Tisch zusammen lachen zu hören. Es gab Mrs Whipple ein warmes, wohliges Gefühl.

«Ach wisst ihr, wir haben noch sechs Stück von der Sorte; das ist schließlich das mindeste, was wir tun können, wo ihr so selten auf Besuch zu uns kommt.»

Er weigerte sich, ins Esszimmer zu kommen, und Mrs Whipple ging sehr geschickt darüber hinweg. «Er ist viel schüchterner als meine anderen beiden», sagte sie. «Er muss sich eben erst an euch gewöhnen. Er fasst nicht gleich zu jedem Vertrauen, ihr wisst ja, wie das mit Kindern manchmal so ist, sogar unter Vettern.» Keiner machte eine unpassende Bemerkung.

«Genau wie mein Alfy hier», meinte die Frau des Bruders. «Manchmal muss ich ihm eine runterhauen, damit er seiner eigenen Großmama die Hand gibt.»

Das war also überstanden, und Mrs Whipple häufte zuerst Ihm einen großen Teller voll auf, noch vor allen anderen. «Ich sag immer, Er darf nicht zu kurz kommen, ganz

who else goes without," she said, and carried it to Him herself.

"He can chin Himself on the top of the door," said Emly, helping along.

"That's fine, He's getting along fine," said the brother.

They went away after supper. Mrs Whipple rounded up the dishes, and sent the children to bed and sat down and unlaced her shoes. "You see?" she said to Mr Whipple. "That's the way my whole family is. Nice and considerate about everything. No out-of-the-way remarks – they *have* got refinement. I get awfully sick of people's remarks. Wasn't that pig good?"

Mr Whipple said, "Yes, we're out three hundred pounds of pork, that's all. It's easy to be polite when you come to eat. Who knows what they had in their minds all along?"

"Yes, that's like you," said Mrs Whipple. "I don't expect anything else from you. You'll be telling me next that my own brother will be saying around that we made Him eat in the kitchen! Oh, my God!" She rocked her head in her hands, a hard pain started in the very middle of her forehead. "Now it's all spoiled, and everything was so nice and easy. All right, you don't like them and you never did – all right, they'll not come here again soon, never you mind! But they *can't* say He wasn't dressed every lick as good as Adna – oh, honest, sometimes I wish I was dead!"

"I wish you'd let up," said Mr Whipple. "It's bad enough as it is."

It was a hard winter. It seemed to Mrs Whipple that they hadn't ever known anything but hard times, and now to cap it all a winter like this. The crops were about half of what they had a

gleich, wer sonst leer ausgeht», erklärte sie und trug Ihm den Teller eigenhändig hinaus.

«Er schafft sogar einen Klimmzug bis über die Tür», bemerkte Emly hilfreich.

«Das ist ja prima, Er entwickelt sich ja prima», sagte der Bruder.

Nach dem Abendessen gingen sie wieder. Mrs Whipple sorgte noch dafür, dass das Geschirr abgetragen wurde, dann schickte sie die Kinder ins Bett und setzte sich hin, um sich die Schuhe aufzubinden. «Siehst du?» wandte sie sich an Mr Whipple. «So sind sie alle in meiner Familie. Immer freundlich und rücksichtsvoll. Keine unpassenden Bemerkungen – sie *wissen* eben, was sich gehört. Ich kann's schon gar nicht mehr hören, was die Leute immer so reden. War das Spanferkel nicht gut?»

Mr Whipple sagte: «Doch, bloß dass uns jetzt drei Zentner Schweinefleisch fehlen. Man kann leicht höflich sein, wenn man zum Essen eingeladen ist. Wer weiß, was die ganze Zeit in ihren Köpfen vorgegangen ist?»

«Ja, das sieht dir ähnlich», sagte Mrs Whipple. «Von dir habe ich nichts anderes erwartet. Jetzt brauchst du bloß noch behaupten, mein Bruder würde herumerzählen, wir hätten Ihn in der Küche essen lassen! O Gott!» Sie wiegte den Kopf in den Händen, ein scharfer Schmerz erwachte genau in der Mitte ihrer Stirn. «Jetzt hast du mir alles verdorben, wo doch alles so schön glatt gegangen ist. Na ja, du kannst sie eben nicht leiden, hast sie nie leiden können – na ja, sie kommen uns so schnell nicht wieder besuchen, keine Angst! Aber sie können unmöglich behaupten, dass Er auch nur einen Deut schlechter angezogen war als Adna – ach, ehrlich, manchmal wollt ich, ich wär tot!»

«Und ich wollte, du hörtest endlich damit auf», sagte Mr Whipple. «Es ist auch so schon schlimm genug.»

Es war ein harter Winter. Mrs Whipple schien es, als hätten sie ohnehin nie etwas anderes als harte Zeiten erlebt, und nun zu allem Überfluss noch so ein Winter. Die Ernte fiel nur halb so gut aus, wie sie hätten erwarten dürfen; als die

right to expect; after the cotton was in it didn't do much more than cover the grocery bill. They swapped off one of the plow horses, and got cheated, for the new one died of the heaves. Mrs Whipple kept thinking all the time it was terrible to have a man you couldn't depend on not to get cheated. They cut down on everything, but Mrs Whipple kept saying there are things you can't cut down on, and they cost money. It took a lot of warm clothes for Adna and Emly, who walked four miles to school during the three-months session. "He sets around the fire a lot, He won't need so much," said Mr Whipple. "That's so," said Mrs Whipple, "and when He does the outdoor chores He can wear your tarpaullion coat. I can't do no better, that's all."

In February He was taken sick, and lay curled up under His blanket looking very blue in the face and acting as if He would choke. Mr and Mrs Whipple did everything they could for Him for two days, and then they were scared and sent for the doctor. The doctor told them they must keep Him warm and give Him plenty of milk and eggs. "He isn't as stout as He looks, I'm afraid," said the doctor. "You've got to watch them when they're like that. You must put more cover onto Him, too."

"I just took off His big blanket to wash," said Mrs Whipple, ashamed. "I can't stand dirt."

"Well, you'd better put it back on the minute it's dry," said the doctor, "or He'll have pneumonia."

Mr and Mrs Whipple took a blanket off their own bed and put His cot in by the fire. "They can't say we didn't do everything for Him," she said, "even to sleeping cold ourselves on His account."

Baumwolle eingebracht war, konnten sie vom Erlös kaum mehr als die Rechnung beim Kaufmann begleichen. Sie tauschten eines der Zugpferde gegen ein anderes aus und wurden übers Ohr gehauen, denn das neue starb bald darauf an Dämpfigkeit. Und Mrs Whipple dachte die ganze Zeit, wie schrecklich es doch sei, einen Mann zu haben, bei dem man nie sicher sein konnte, dass er sich nicht übers Ohr hauen ließ. Sie sparten an allen Ecken und Enden, doch Mrs Whipple erklärte immer wieder, es gebe Dinge, an denen man nicht sparen dürfe, und die kosteten eben Geld. Sie brauchten eine Menge warmer Sachen für Adna und Emly, die während der Schulzeit einen Weg von vier Meilen zurücklegen mussten. «Er hockt doch sowieso die meiste Zeit am Herd, Er braucht nicht so viel», sagte Mr Whipple. «Das ist wahr», meinte Mrs Whipple, «und für die Arbeit draußen kann Er ja deine Öljacke anziehen. Mehr kann ich nun mal nicht für Ihn tun.»

Im Februar wurde Er plötzlich krank; mit blau angelaufenem Gesicht lag Er zusammengekrümmt unter seiner Decke und schien nahe daran zu ersticken. Zwei Tage lang taten Mr und Mrs Whipple, was sie nur konnten, um Ihm zu helfen, doch dann bekamen sie es mit der Angst und schickten nach dem Arzt. Der Arzt wies sie an, Ihn gut warm zu halten und Ihm viel Milch und Eier zu geben. «Ich fürchte, Er ist nicht so robust, wie Er aussieht», sagte der Arzt. «Man muss gut auf sie achtgeben, wenn es so um sie steht. Sie müssen Ihn auch wärmer zudecken.»

«Ich hab seine warme Decke nur mal eben zum Waschen abgenommen», erwiderte Mrs Whipple beschämt. «Ich kann keinen Schmutz vertragen.»

«Na, dann legen Sie Ihm die Decke nur gleich wieder über, sobald sie trocken ist», meinte der Arzt, «sonst kriegt Er noch eine Lungenentzündung.»

Mr und Mrs Whipple gaben Ihm eine Decke von ihrem eigenen Bett und stellten sein Bett in die Küche neben den Herd. «Keiner kann uns vorwerfen, wir hätten nicht alles für Ihn getan», sagte sie, «wo wir sogar selbst nachts frieren seinetwegen.»

When the winter broke He seemed to be well again, but He walked as if His feet hurt Him. He was able to run a cotton planter during the season.

"I got it all fixed up with Jim Ferguson about breeding the cow next time," said Mr Whipple. "I'll pasture the bull this summer and give Jim some fodder in the fall. That's better than paying out money when you haven't got it."

"I hope you didn't say such a thing before Jim Ferguson," said Mrs Whipple. "You oughtn't to let him know we're so down as all that."

"Godamighty, that ain't saying we're down. A man is got to look ahead sometimes. He can lead the bull over today. I need Adna on the place."

At first Mrs Whipple felt easy in her mind about sending Him for the bull. Adna was too jumpy and couldn't be trusted. You've got to be steady around animals. After He was gone she started thinking, and after a while she could hardly bear it any longer. She stood in the lane and watched for Him. It was nearly three miles to go and a hot day, but He oughtn't to be so long about it. She shaded her eyes and stared until colored bubbles floated in her eyeballs. It was just like everything else in life, she must always worry and never know a moment's peace about anything. After a long time she saw Him turn into the side lane, limping. He came on very slowly, leading the big hulk of an animal by a ring in the nose, twirling a little stick in his hand, never looking back or sideways, but coming on like a sleepwalker with His eyes half shut.

Mrs Whipple was scared sick of bulls; she had heard awful stories about how they followed on quietly enough, and then suddenly pitched on with a bellow and pawed and gored a body to pieces. Any second now that black monster would

Als die Kälte brach, schien Er wieder in Ordnung zu sein, aber Er ging so, als täten Ihm die Füße weh. In der Pflanzzeit konnte Er bei der Baumwolle mit ausfahren.

«Ich bin mit Jim Ferguson schon handelseinig, dass wir demnächst die Kuh decken lassen», sagte Mr Whipple. «Ich nehme den Bullen diesen Sommer zu uns auf die Weide und geb Jim im Herbst was vom Futter ab. Das ist besser, als bares Geld ausgeben, wenn man keines hat.»

«So etwas hast du hoffentlich nicht zu Jim Ferguson gesagt», entgegnete Mrs Whipple. «Du solltest es ihm nicht auf die Nase binden, dass wir so am Ende sind.»

«Himmelherrgott, das heißt doch nicht, dass wir am Ende sind. Ein Mann muss eben auch mal an die Zukunft denken. Er kann den Bullen heute rüberholen. Ich brauche Adna hier auf der Farm.»

Zuerst fand Mrs Whipple nichts dabei, Ihn den Bullen holen zu lassen; Adna war zu fahrig und nicht zuverlässig. Man musste ruhig Blut haben mit Tieren. Nachdem Er gegangen war, ging es ihr im Kopf um, und nach einer Weile konnte sie es fast nicht mehr aushalten. Sie stellte sich draußen auf den Weg und hielt Ausschau. Es waren ja fast drei Meilen zu gehen, und ein heißer Tag war es obendrein, aber so lange hätte er nicht ausbleiben dürfen. Sie beschattete die Augen mit der Hand und starrte angestrengt in die Ferne, bis ihr bunte Kringel vor den Augen tanzten. Es war wie mit allem in ihrem Leben, immer musste sie sich Sorgen machen und hatte nie einen Augenblick Frieden. Nach langer Zeit sah sie Ihn von der Hauptstraße in den Weg einbiegen, Er hinkte. Er kam sehr langsam näher; Er führte das massige Tier an einem Nasenring, drehte ein kleines Stöckchen zwischen den Fingern und schaute weder links noch rechts noch hinter sich, sondern kam wie ein Schlafwandler mit halbgeschlossenen Augen daher.

Mrs Whipple hatte eine Heidenangst vor Bullen; sie hatte schreckliche Geschichten gehört, wie sie erst ganz friedlich hinter einem hergingen und dann plötzlich brüllend vorwärtsstürmten und einen zertrampelten und mit den Hörnern durchbohrten. Jeden Augenblick konnte das

come down on Him, my God, He'd never have sense enough to run.

She mustn't make a sound nor a move; she mustn't get the bull started. The bull heaved his head aside and homed the air at a fly. Her voice burst out of her in a shriek, and she screamed at Him to come on, for God's sake. He didn't seem to hear her clamor, but kept on twirling His switch and limping on, and the bull lumbered along behind him as gently as a calf. Mrs Whipple stopped calling and ran towards the house, praying under her breath: "Lord, don't let anything happen to Him. Lord, you *know* people will say we oughtn't to have sent Him. You *know* they'll say we didn't take care of Him. Oh, get Him home, safe home, safe home, and I'll look out for Him better! Amen."

She watched from the window while He led the beast in, and tied him up in the barn. It was no use trying to keep up, Mrs Whipple couldn't bear another thing. She sat down and rocked and cried with her apron over her head.

From year to year the Whipples were growing poorer and poorer. The place just seemed to run down of itself, no matter how hard they worked. "We're losing our hold," said Mrs Whipple. "Why can't we do like other people and watch for our best chances? They'll be calling us poor white trash next."

"When I get to be sixteen I'm going to leave," said Adna. "I'm going to get a job in Powell's grocery store. There's money in that. No more farm for me."

"I'm going to be a schoolteacher," said Emly. "But I've got to finish the eighth grade, anyhow. Then I can live in town. I don't see any chances here."

schwarze Ungetüm auf Ihn losgehen, mein Gott, und Er hätte im Leben nie die Geistesgegenwart, davonzurennen.

Sie durfte keinen Laut von sich geben und sich nicht bewegen; sie durfte den Bullen nicht reizen. Der Bulle warf den Kopf zur Seite und stieß mit den Hörnern nach einer Fliege. Da brach ein schriller Schrei aus ihr heraus, und sie brüllte Ihm zu, Er solle sich um Himmels willen sputen. Er schien ihr Geschrei gar nicht zu hören, sondern spielte weiter mit seiner Gerte und humpelte so dahin, während der Bulle sanftmütig wie ein Kälbchen hinter ihm her trottete. Mrs Whipple gab das Rufen auf und rannte ins Haus, ein tonloses Stoßgebet auf den Lippen: «Herr im Himmel, mach, dass Ihm nichts zustößt. Herr, du *weißt* ja, dass die Leute sagen werden, wir hätten Ihn nicht nach dem Bullen schicken dürfen. Du *weißt*, dass sie sagen werden, wir hätten nicht gut auf Ihn achtgegeben. Oh, lass Ihn heimkommen, sicher heimkommen, sicher heimkommen, und ich werde in Zukunft besser auf Ihn achtgeben. Amen.»

Vom Fenster aus sah sie zu, wie Er das Tier auf den Hof führte und im Stall festband. Es war zwecklos, sich noch länger auf den Beinen halten zu wollen – Mrs Whipple konnte einfach nicht mehr. Sie setzte sich hin und weinte, auf dem Stuhl schaukelnd, die Schürze über den Kopf gezogen.

Von Jahr zu Jahr wurden die Whipples immer ärmer. Sie konnten schuften, soviel sie wollten, die Farm schien sich ganz von alleine herunterzuwirtschaften. «Wir verlieren allmählich den Boden unter den Füßen», sagte Mrs Whipple. «Warum können wir es den anderen Leuten nicht gleichtun und unseren Vorteil im Auge behalten? Es fehlt nicht mehr viel, dann zählen sie uns zum weißen Gesindel.»

«Wenn ich erst sechzehn bin, gehe ich fort», erklärte Adna. «Dann lass ich mich in Powells Kolonialwarenladen anstellen. Das bringt wenigstens Geld. Die Farm kann mir gestohlen bleiben.»

«Und ich werde einmal Lehrerin», sagte Emly. «Aber ich muss trotzdem noch die achte Klasse fertigmachen. Dann kann ich in die Stadt ziehen. Hier seh ich gar keine Möglichkeiten.»

"Emly takes after my family," said Mrs Whipple. "Ambitious every last one of them, and they don't take second place for anybody."

When fall came Emly got a chance to wait on table in the railroad eating-house in the town near by, and it seemed such a shame not to take it when the wages were good and she could get her food too, that Mrs Whipple decided to let her take it, and not bother with school until the next session. "You've got plenty of time," she said. "You're young and smart as a whip."

With Adna gone too, Mr Whipple tried to run the farm with just Him to help. He seemed to get along fine, doing His work and part of Adna's without noticing it. They did well enough until Christmas time, when one morning He slipped on the ice coming up from the barn. Instead of getting up He thrashed round and round, and when Mr Whipple got to Him, He was having some sort of fit.

They brought Him inside and tried to make Him sit up, but He blubbered and rolled, so they put Him to bed and Mr Whipple rode to town for the doctor. All the way there and back he worried about where the money was to come from: it sure did look like he had about all the troubles he could carry.

From then on He stayed in bed. His legs swelled up double their size, and the fits kept coming back. After four months, the doctor said, "It's no use, I think you'd better put Him in the County Home for treatment right away. I'll see about it for you. He'll have good care there and be off your hands."

"We don't begrudge Him any care, and I won't let Him out of my sight," said Mrs Whipple. "I won't have it said I sent my sick child off among strangers."

«Emly schlägt ganz meiner Familie nach», meinte Mrs Whipple. «Einer so ehrgeizig wie der andere, da will keiner hinter dem andern zurückstehen.»

Als der Herbst kam, bot sich Emly die Gelegenheit, in der Bahnhofsrestauration der nächsten Stadt als Bedienung zu arbeiten, und es wäre einfach zu schade gewesen, das auszuschlagen; die Bezahlung war gut, und Emly konnte dort auch ihr Essen bekommen. So befand Mrs Whipple, sie solle die Stellung annehmen und sich wegen der Schule bis zum nächsten Quartal nicht sorgen. «Du hast Zeit genug», sagte Mrs Whipple. «Du bist jung und blitzgescheit.»

Als Adna dann auch aus dem Haus war, versuchte Mr Whipple, den Hof mit Ihm als einziger Hilfe zu bestellen. Er schien sich gut zu schlagen, tat seine Arbeit und die von Adna zum Teil noch mit, ohne es zu merken. Bis gegen Weihnachten ging alles bestens, doch dann rutschte Er eines Morgens auf dem Weg vom Stall ins Haus auf dem Eis aus. Anstatt wieder aufzustehen, drehte Er sich, mit Armen und Beinen um sich schlagend, wie wild im Kreis, und als Mrs Whipple angerannt kam, hatte Er eine Art Anfall.

Sie brachten Ihn ins Haus und versuchten Ihn aufzusetzen, aber Er blubberte nur vor sich hin und wälzte sich hin und her. Sie brachten Ihn also ins Bett, und Mr Whipple fuhr in die Stadt, um den Doktor zu holen. Den ganzen Weg hin und zurück zermarterte er sich das Hirn, woher er das Geld für den Arzt nehmen sollte: Man hätte doch meinen sollen, sein Maß an Sorgen sei bereits gestrichen voll.

Von jenem Tag an konnte Er das Bett nicht mehr verlassen, seine Beine schwollen auf den doppelten Umfang an, und die Anfälle kamen immer wieder. Nach vier Monaten sagte der Arzt: «Es nützt alles nichts, ich glaube, Sie bringen Ihn am besten sofort in die Kreisheilanstalt zur Behandlung. Ich leite das für Sie in die Wege. Dort bekommt Er gute Pflege, und Ihnen fällt Er nicht mehr zur Last.»

«Wir verabsäumen nichts an Seiner Pflege, und ich lasse Ihn nie und nimmer fort», erklärte Mrs Whipple. «Ich will mir nicht nachsagen lassen, ich hätte mein krankes Kind in die Hände fremder Leute gegeben.»

"I know how you feel," said the doctor. "You can't tell me anything about that, Mrs Whipple. I've got a boy of my own. But you'd better listen to me. I can't do anything more for Him, that's the truth."

Mr and Mrs Whipple talked it over a long time that night after they went to bed. "It's just charity," said Mrs Whipple, "that's what we've come to, charity! I certainly never looked for this."

"We pay taxes to help support the place just like everybody else," said Mr Whipple, "and I don't call that taking charity. I think it would be fine to have Him where He'd get the best of everything... and besides, I can't keep up with these doctor bills any longer."

"Maybe that's why the doctor wants us to send Him – he's scared he won't get his money," said Mrs Whipple.

"Don't talk like that," said Mr Whipple, feeling pretty sick, "or we won't be able to send Him."

"Oh, but we won't keep Him there long," said Mrs Whipple. "Soon's He's better, we'll bring Him right back home."

"The doctor has told you and told you time and again He can't ever get better, and you might as well stop talking," said Mr Whipple.

"Doctors don't know everything," said Mrs Whipple, feeling almost happy. "But anyhow, in the summer Emly can come home for a vacation, and Adna can get down for Sundays: we'll all work together and get on our feet again, and the children will feel they've got a place to come to."

All at once she saw it full summer again, with the garden going fine, and new white roller shades up all over the house, and Adna and Emly home, so full of life, all of them happy together.

«Ich weiß, wie Ihnen zumute ist», erwiderte der Arzt. «Mir brauchen Sie da nichts zu erzählen, Mrs Whipple. Ich hab schließlich selbst einen Jungen. Aber Sie sollten trotzdem auf mich hören. Ich kann nichts mehr für Ihn tun, und das ist die reine Wahrheit.»

An jenem Abend berieten sich Mr und Mrs Whipple noch sehr lange im Bett über die Angelegenheit. «Das ist nichts anderes als Almosen annehmen», sagte Mrs Whipple. «Almosen! So tief sind wir also gesunken. Das habe ich nie für möglich gehalten.»

«Wir zahlen Steuern und unterstützen damit das Heim, genau wie jeder andere», erwiderte Mr Whipple. «Für mich heißt das ganz und gar nicht, dass wir Almosen annehmen. Ich fände es nur gut, Ihn dort unterzubringen, wo Er von allem das Beste bekommt ... davon abgesehen, kann ich nicht mehr für Arztrechnungen aufkommen.»

«Vielleicht will der Arzt deswegen, dass wir Ihn weggeben – er hat wohl Angst, er könnte sein Geld nicht kriegen», sagte Mrs Whipple.

«Hör auf, so zu reden», sagte Mr Whipple, der sich richtig elend fühlte, «sonst können wir Ihn am Ende gar nicht mehr wegschicken.»

«Ach, aber wir lassen Ihn nicht lange dort», sagte Mrs Whipple. «Sowie's Ihm besser geht, holen wir Ihn gleich wieder heim.»

«Der Arzt hat dir doch schon hundertmal gesagt, dass es nie mehr besser wird mit Ihm, also spar dir deine Reden», bemerkte Mr Whipple.

«Die Ärzte wissen auch nicht alles», antwortete Mrs Whipple, der jetzt beinahe froh ums Herz war. «Jedenfalls kann Emly im Sommer zu Hause Urlaub machen, und Adna kann sonntags herkommen: Wir werden alle zusammenhelfen und wieder auf die Beine kommen, und die Kinder werden spüren, dass sie irgendwo ein Zuhause haben.»

Mit einem Mal sah sie sich wieder mitten im schönsten Sommer, der Garten gedieh, und vor allen Fenstern des Hauses waren neue weiße Rolläden angebracht, und Adna und Emly waren zu Hause, so voller Leben, die ganze Fa-

Oh, it could happen, things would ease up on them.

They didn't talk before Him much, but they never knew just how much He understood. Finally the doctor set the day and a neighbor who owned a double-seated carryall offered to drive them over. The hospital would have sent an ambulance, but Mrs Whipple couldn't stand to see Him going away looking so sick as all that. They wrapped Him in blankets, and the neighbor and Mr Whipple lifted Him into the back seat of the carryall beside Mrs Whipple, who had on her black shirt waist. She couldn't stand to go looking like charity.

"You'll be all right, I guess I'll stay behind," said Mr Whipple. "It don't look like everybody ought to leave the place at once."

"Besides, it ain't as if He was going to stay forever," said Mrs Whipple to the neighbor. "This is only for a little while."

They started away, Mrs Whipple holding to the edges of the blankets to keep Him from sagging sideways. He sat there blinking and blinking. He worked His hands out and began rubbing His nose with His knuckles, and then with the end of the blanket. Mrs Whipple couldn't believe what she saw; He was scrubbing away big tears that rolled out of the corners of His eyes. He sniveled and made a gulping noise. Mrs Whipple kept saying, "Oh, honey, you don't feel so bad, do you? You don't feel so bad, do you?" for He seemed to be accusing her of something. Maybe He remembered that time she boxed His ears, maybe He had been scared that day with the bull, maybe He had slept cold and couldn't tell her about it; maybe He knew they were sending Him away for good and all because they were too poor to keep Him. Whatever it was, Mrs Whipple couldn't bear to think of it. She began to cry, frightfully, and wrapped her

milie glücklich vereint. Oh, das war durchaus möglich, alles würde wieder leichter werden in ihrem Leben.

Sie redeten ohnehin nicht viel vor Ihm, aber trotzdem waren sie nie sicher, wieviel Er davon verstand. Schließlich setzte der Arzt den Termin fest, und ein Nachbar, der einen gedeckten Zweisitzer besaß, erbot sich, sie hinzufahren. Das Hospital hätte auch einen Krankenwagen geschickt, doch Mrs Whipple hätte es nicht ertragen, Ihn so wie einen Schwerkranken ziehen zu lassen. Sie packten Ihn in Decken, und der Nachbar und Mr Whipple hoben Ihn mit vereinten Kräften auf den Rücksitz des Einspänners, neben Mrs Whipple, die ihr feines Schwarzes anhatte. Sie hätte es nicht ertragen, wie ein Almosenempfänger daherzukommen.

«Du kommst schon allein zurecht, ich bleibe besser hier, schätz ich», sagte Mr Whipple. «Es wäre wohl nicht das Wahre, wenn wir hier alle auf einmal weggehen.»

«Außerdem ist es ja nicht so, dass Er für immer dort bleibt», erklärte Mrs Whipple dem Nachbarn. «Es ist ja bloß für eine Weile.»

Dann fuhren sie los, und Mrs Whipple hielt die Zipfel der Decke fest, damit Er nicht zur Seite sacken konnte. Er saß da und blinzelte immerzu. Dann wühlte Er die Hände aus den Decken und begann, sich die Nase zu reiben, erst mit den Fingerknöcheln, dann mit dem Deckenzipfel. Mrs Whipple wollte ihren Augen nicht trauen: Er wischte sich große, runde Tränen ab, die Ihm aus den Augenwinkeln rollten. Er zog die Nase hoch und schluckte laut. Mrs Whipple wiederholte immerzu: «O mein Schatz, so schlimm ist es doch gar nicht für dich, oder? So schrecklich schlimm ist es doch gar nicht, oder?», denn es schien ganz so, als klage Er sie wegen irgend etwas an. Vielleicht erinnerte Er sich noch an das eine Mal, als sie Ihm die Backpfeife gegeben hatte, vielleicht hatte Er damals, als Er den Bullen holte, doch Angst gehabt, vielleicht hatte Er nachts im Bett gefroren und es ihr nicht sagen können; vielleicht wusste Er, dass sie Ihn jetzt für immer wegschickten, weil sie zu arm waren, um Ihn bei sich zu behalten. Was immer es war, Mrs Whipple konnte den Gedanken daran nicht ertragen.

arms tight around Him. His head rolled on her shoulder: she had loved Him as much as she possibly could, there were Adna and Emly who had to be thought of too, there was nothing she could do to make up to Him for His life. Oh, what a mortal pity He was ever born.

They came in sight of the hospital, with the neighbor driving very fast, not daring to look behind him.

Sie begann zu weinen, herzzerreißend zu weinen, und schlang die Arme fest um Ihn. Sein Kopf glitt auf ihre Schulter: Sie hatte Ihn geliebt, so gut es in ihren Kräften stand, man musste schließlich auch an Adna und Emly denken, es gab nichts, womit sie Ihn für sein Leben hätte entschädigen können. Ach, was für ein unsägliches Elend, dass Er je zur Welt gekommen war.

Das Hospital tauchte vor ihnen auf; der Nachbar fuhr sehr schnell und wagte nicht, einen Blick zurückzuwerfen.

William Saroyan: The Third Day after Christmas

Donald Efaw, who was six years old plus three
months, was standing on the corner of 3rd Avenue
and 37th Street where his angry father Harry had
asked him an hour ago to wait a minute while he
stepped into the store for some stuff for Alice who
was sick in bed, coughing and crying. Alice was
three and she had kept everybody awake all night.
Donald's angry father Harry hadn't liked the noise
at all and he'd blamed it on Mama. Mama's name
was Mabelle. "Mabelle Louisa Atkins Fernandez
before I married Harry Efaw," the boy had once
heard his mother say to a man who had come to
fix the broken window in the kitchen. "My husband is part-Indian on his mother's side, and I'm
part-Indian on my father's. Fernandez sounds
more Spanish or Mexican than Indian, but my father was part-Indian just the same. We never lived
among them, though, the way some part-Indians
do. We always lived in cities."

The boy wore overalls and an old checkered coat
his father had outgrown that might have been an
overcoat for him if it hadn't been so ill-fitting. The
sleeves had been cut to fit the boy, but that was all.
The pockets were out of reach, so the boy rubbed
his hands to keep them warm. It was eleven o'clock
in the morning now.

Donald's father had gone into the place, and
pretty soon he would come out and they'd walk
home and Mama would give Alice some of the stuff
– milk and medicine – and she'd stop crying and
coughing and Mama and Papa would stop fighting.

The place was Haggerty's. It had an entrance on
the corner and another on the side street. Harry
Efaw had used the 37th Street exit five minutes
after he had gone in. He hadn't *forgotten* the boy
in the street, he had just wanted to get away from

William Saroyan: Am dritten Tag nach Weihnachten

Donald Efaw, sechs Jahre und drei Monate alt, stand an der Ecke der dritten Avenue und der siebenunddreißigsten Straße; sein ärgerlicher Vater Harry hatte ihm vor einer Stunde befohlen, eine Minute hier zu warten, während er in den Laden ging, um eine Arznei für Alice zu holen, die hustend und weinend krank im Bett lag. Alice war drei und hatte sie alle die ganze Nacht wachgehalten. Donalds nervöser Vater Harry hasste den Lärm und gab Mutter die Schuld. Mutter hieß Mabelle. «Mabelle-Louisa Atkins Fernandez, ehe ich Harry Efaw heiratete», hatte der Junge seine Mutter einmal zu einem Mann sagen hören, der das zerbrochene Fenster in der Küche reparieren sollte. «Mein Mann hat von seiner Mutter etwas Indianerblut, und ich habe von meinem Vater etwas Indianerblut. Fernandez klingt mehr mexikanisch oder spanisch als indianisch, aber mein Vater hatte trotzdem einen Schuss Indianerblut. Allerdings haben wir nie unter Indianern gelebt wie manche Mischlinge. Wir haben immer in Städten gewohnt.»

Der Junge trug Überziehhosen und ein altes kariertes Jackett, das seinem Vater zu eng geworden war; wenn es nicht so schlecht gesessen hätte, dann hätte es ein Mantel für das Kind sein können. Die Ärmel waren abgeschnitten, damit sie ihm passten, das war alles. Die Taschen saßen außer Reichweite, und der Junge musste sich die Hände reiben, um sie warm zu halten. Es war jetzt vormittags gegen elf Uhr.

Donalds Vater war in den Laden gegangen. Nun würde er sicher bald herauskommen; und dann gingen sie heim, und dann gab Mutter Alice etwas von dem Zeug – Milch und Medizin – und dann hörte Alice auf zu weinen und zu husten, und die Eltern hörten auf zu streiten.

Der Laden war Haggertys Bar. Ein Eingang war an der Ecke und ein anderer an der Seitenstraße. Harry Efaw hatte den Ausgang nach der 37. Straße benutzt, fünf Minuten nachdem er hineingegangen war. Er hatte den Jungen auf der Straße nicht *vergessen*, er wollte nur eine Weile weg

him for awhile, and from the rest of them, too. He had one little shot of rye that had cost too much and that was all. It had cost a quarter and that was too much for one little shot of rye. He had gulped the drink down and hurried out of the place and walked away, planning to come back after a few minutes to pick the boy up and then buy the food and medicine and go back home to see if something could be done about the little girl's sickness, but somehow or other he had gone right on walking.

At last Donald stepped into the place and saw that it was not like any other store he had ever seen. The man in the white coat looked at him and said, "You can't come in here. Go on home."

"Where's my father?"

"Is this boy's father in the house?" the man called out, and everybody in the place, seven men, turned and looked at Donald. They looked only a moment and then went back to their drinking and talking.

"Your father's not here," the man said, "whoever he is."

"Harry," Donald said. "Harry Efaw."

"I don't know anybody named Harry Efaw. Now, go on home."

"He told me to wait outside a minute."

"Yes, I know. Well, a lot of fellows come in here for a drink and then go. I guess that's what he did. If he told you to wait outside, you'd better do it. You can't stay in here."

"It's cold outside."

"I know it's cold outside," the bartender said. "But you can't stay in here. Wait outside like your father told you to, or go home."

"I don't know how," the boy said.

"Do you know the address?"

The boy obviously didn't know the meaning of the question, so the bartender tried to put it an-other way.

von ihm, und auch von den anderen. Er hatte einen kleinen Schluck Rye-Whisky getrunken, der zu viel gekostet hatte, das war alles. Er hatte einen Vierteldollar gekostet, und das war zu viel für einen Schluck Whisky. Er hatte das Getränk runtergekippt und war aus dem Lokal gelaufen und weggegangen; er wollte nach ein paar Minuten zurückkommen und den Jungen abholen und dann Lebensmittel und Medizin kaufen und nach Hause gehen, um zu sehen, ob etwas gegen die Krankheit des kleinen Mädchens zu machen sei, aber irgendwie war er einfach immer weitergegangen.

Endlich trat Donald in den Laden und merkte, dass er anders war als jeder andere Laden, den er gesehen hatte. Der Mann in der weißen Jacke sah ihn an und sagte: «Du darfst hier nicht rein. Geh nach Hause.»

«Wo ist mein Vater?»

«Ist der Vater dieses Jungen hier im Haus?» rief der Mann, und alle Leute im Lokal, sieben Männer, drehten sich um und sahen Donald an. Sie sahen ihn nur ganz kurz an, dann fuhren sie fort zu trinken und zu reden.

«Wer auch dein Vater ist», sagte der Mann, «hier ist er nicht.»

«Harry», sagte Donald. «Harry Efaw.»

«Ich kenne niemand, der Harry Efaw heißt. Los, geh nach Hause!»

«Er sagte mir, ich soll draußen eine Minute warten.»

«Ja, ich weiß. Na ja, hier kommen viele Leute her, die bloß ein Glas trinken und dann gehen. Ich glaube, er hat's auch so gemacht. Wenn er dir gesagt hat, du sollst draußen warten, dann tu das. Du kannst nicht hier drin bleiben.»

«Draußen ist es kalt.»

«Ich weiß, dass es draußen kalt ist», sagte der Barkellner. «Aber du kannst nicht hier bleiben. Warte draußen, wie dir dein Vater gesagt hat, oder geh nach Hause.»

«Ich weiß nicht wie», sagte der Junge.

«Weißt du die Adresse?»

Offenbar verstand der Junge nicht, was diese Frage zu bedeuten hatte, und so versuchte es der Barkellner auf andere Art.

"Do you know the number of the house and the name of the street?"

"No. We walked. We came for medicine for Alice."

"Yes, I know," the bartender said patiently. "And I know it's cold outside, too, but you'd better get out of here just the same. I can't have small boys coming into this place."

A sickly man of sixty or so who was more than half-drunk and half-dead got up from his table and went to the bartender.

"I'll be glad to get the boy home if he can show me the way."

"Sit down," the bartender said. "The boy doesn't know the way."

"Maybe he does," the man said. "I've had children of my own and the street's no place for a small boy. I'll be glad to get him home to his mother."

"I know," the bartender said. "But just go sit down."

"I'll take you home, sonny," the old man said.

"Sit down," the bartender almost shouted, and the old man turned in astonishment.

"What do you take me for, anyway?" he said softly. "The boy's scared and cold and needs his mother."

"Will you please sit down?" the bartender said. "I know all about the boy. And you're not the man to get him home to his mother, either."

"*Somebody's* got to get him home to his mother," the old man said softly, and then belched. He was in the kind of worn and lumpy clothing the bartender knew had been given to him by a charitable institution. He probably had another thirty or forty cent's to spend for beer, money he'd gotten by begging, most likely.

"It's the third day after Christmas," the old

«Weißt du die Nummer von eurem Haus und den Namen der Straße?»

«Nein. Wir sind zu Fuß gegangen. Um Medizin für Alice zu holen.»

«Ja, ich weiß», sagte der Mann geduldig. «Und ich weiß auch, dass es draußen kalt ist, aber es ist besser, du gehst trotzdem hier heraus. Ich darf keine kleinen Jungen in dies Lokal rein lassen.»

Ein schwächlicher Mann von etwa sechzig, der mehr als halbbetrunken und halbtot war, stand von seinem Tisch auf und ging auf den Barkellner zu.

«Ich würde den Jungen gern nach Hause bringen, wenn er mir den Weg zeigt.»

«Setzen Sie sich hin», sagte der Barkellner. «Der Junge weiß den Weg nicht.»

«Vielleicht doch», sagte der Mann. «Ich hab selber Kinder gehabt, und die Straße ist kein Ort für kleine Jungen. Ich bring ihn gern nach Hause zu seiner Mutter.»

«Ich weiß», sagte der Barkellner. «Aber setzen Sie sich nur hin.

«Ich bringe dich heim, Jungchen», sagte der alte Mann.

«Setzen Sie sich hin.» Der Barkellner schrie es fast, und der alte Mann drehte sich erstaunt um.

«Für was halten Sie mich überhaupt?» fragte er leise. «Der Junge hat Angst bekommen und friert und braucht seine Mutter.»

«Wollen Sie sich bitte hinsetzen?» sagte der Barkellner. «Ich weiß alles von dem Jungen Und Sie sind schon gar nicht der Mann, um ihn nach Hause zu seiner Mutter zu bringen.»

«Jemand muss ihn doch nach Hause zu seiner Mutter bringen», sagte der alte Mann leise, dann rülpste er. Er steckte in abgetragener und derber Kleidung von der Art, die man – das wusste der Barkellner – von Wohlfahrtsverbänden bekommt. Er besaß vermutlich noch dreißig oder vierzig Cents für Bier, Geld, das er sich höchstwahrscheinlich erbettelt hatte.

«Es ist der dritte Tag nach Weihnachten», fuhr der alte

man went on. "It's not so long after Christmas any of us has got a right to forget trying to help a small boy home."

"Ah, what's the matter?" another drinker asked from his chair.

"Nothing's the matter," the bartender said. "This boy's father asked him to wait for him outside, that's all." The bartender turned to Donald Efaw. "If you don't know how to get home, just wait outside like your father told you to, and pretty soon he'll be back and he'll take you home. Now, go on and get out of here."

The boy left the place and began standing where he had already stood more than an hour. The old man began to follow the boy. The bartender swung himself over the bar, caught the old man by the shoulders at the swinging doors, twisted him around and walked him back to his chair.

"Now sit down," he said softly. "It's not your place to worry about the boy. Keep your worry for yourself. I'll see that nothing happens to him."

"What do you take me for, anyway?" the old man said again.

At the swinging doors for a look up and down the street the bartender, a short, heavy Irishman in his early fifties, turned and said, "Have you had a look at yourself in a mirror lately? You wouldn't get to the next corner holding the hand of a small boy."

"Why not?" the old man demanded.

"Because you don't look like any small boy's father or grandfather or friend or anything else."

"I've had children of my own," the old man said feebly.

"I know," the bartender said. "But just sit still. Some people are allowed to be kind to children and some aren't, that's all."

He took a bottle of beer to the old man's table and set it down by the old man's empty glass.

Mann fort. «Es ist noch nicht lange nach Weihnachten; keiner von uns darf einfach vergessen, dass man so einem kleinen Burschen nach Hause helfen muss!»

«He, was ist eigentlich los?» fragte ein anderer Trinker von seinem Platz her.

«Nichts ist los», sagte der Barkellner. «Der Vater dieses Jungen hat zu ihm gesagt, er soll draußen auf ihn warten – das ist alles.» Der Mann wandte sich an Donald Efaw. «Wenn du nicht weißt, wie du nach Hause kommst, dann warte eben draußen, wies dir dein Vater gesagt hat; sicher kommt er bald zurück und nimmt dich mit nach Hause. Nun mach voran – geh raus!»

Der Junge verließ das Lokal und stellte sich wieder dorthin, wo er schon über eine Stunde gestanden hatte. Der alte Mann wollte dem Jungen nachgehen. Der Barkellner schwang sich über die Bar, packte vor der Schwingtür den Alten an den Schultern, drehte ihn herum und führte ihn zurück zu seinem Stuhl.

«Setzen Sie sich», sagte er sanft. «Es steht Ihnen nicht zu, sich um den Jungen zu kümmern. Kümmern Sie sich um sich selbst. Ich passe auf, dass ihm nichts zustößt.»

«Für was halten Sie mich überhaupt?» sagte der alte Mann wieder.

Mit einem Blick aus der Schwingtür, in alle Richtungen, wandte sich der Barkellner, ein kleiner, gedrungener Ire von Anfang fünfzig, um und sagte: «Haben Sie in letzter Zeit mal in den Spiegel gesehen? Sie würden nicht bis zur nächsten Ecke kommen, mit einem kleinen Jungen an der Hand.»

«Warum nicht?» fragte der alte Mann.

«Weil Sie nicht wie der Vater irgend eines kleinen Jungen aussehen oder wie ein Großvater oder Freund oder sowas.»

«Ich hab selber Kinder gehabt», sagte der Alte leise.

«Ich weiß», sagte der Barkellner. «Aber sitzen Sie bloß still. Manche Leute dürfen eben nett zu Kindern sein, und manche nicht. Das ist alles.»

Er brachte eine Flasche Bier zum Tisch des alten Mannes und stellte sie neben sein leeres Glas.

"Here's a bottle on me," he said. "I'm allowed to be kind to old men like yourself once in awhile, and you're allowed to be kind to bartenders like me once in awhile, but you're not allowed to be kind to a small boy whose father is some place in the neighborhood, most likely. Just sit still and drink your beer."

"I don't want your dirty beer," the old man said. "You can't hold *me* prisoner in your dirty saloon."

"Just sit still until the boy's father comes and takes him home, and then you can get out of here as fast as you like."

"I want to get out of here *now*," the old man said. "I don't have to take insults from anybody in this whole world. If I told you a few things about who I am I guess you wouldn't talk to me the way you've been talking."

"All right," the bartender said. He wanted to keep things from getting out of hand, he didn't want a fuss, and he felt he might be able to humor the old man out of his wish to be helpful to the boy. "Tell me a few things about who you are and maybe I won't talk to you the way I've been talking."

"I'll say you won't," the old man said.

The bartender was glad to notice that the old man was pouring beer into his glass. He watched the old man drink the top third of the glass, and then the old man said, "My name is Algayler, that's what it is."

He drank some more of his beer and the bartender waited for him to go on. He was standing at the end of the bar now, so he could keep his eyes on the boy in the street. The boy was rubbing his hands together, but it was all right. He was a boy who had been toughened by hard times of all kinds, and this waiting in the street for his father wasn't going to be too much for him.

«Hier ist eine Flasche auf meine Rechnung», sagte er.
«Ich darf zu alten Leuten, wie Sie einer sind, gelegentlich
nett sein, und Sie dürfen gelegentlich zu Barkellnern, wie
ich einer bin, nett sein. Aber Sie dürfen nicht nett sein zu
einem kleinen Burschen, dessen Vater wahrscheinlich in
einem Lokal hier in der Nähe ist. Sitzen Sie lieber still
und trinken Sie ihr Bier.»

«Ich brauche Ihr dreckiges Bier nicht», sagte der alte
Mann. «Und Sie können mich nicht gefangen halten in
Ihrer dreckigen Bar.»

«Bleiben Sie bloß still sitzen, bis der Vater des Jungen
kommt und ihn nach Hause bringt, dann können Sie so
schnell Sie wollen hier heraus.»

«Ich will aber *jetzt* hier raus», sagte der alte Mann. «Ich
brauche von niemandem in der ganzen Welt Beleidigungen
einzustecken. Wenn ich Ihnen mal erzählte, wer ich bin,
ich glaube, dann würden Sie nicht so zu mir sprechen, wie
Sie gesprochen haben.»

«Gut», sagte der Barkellner. Er wollte nicht, dass ihm
die Sache aus der Hand glitt, er wollte keinen Krach, und
er spürte, dass er den Alten im Guten davon abbringen
konnte, dem Jungen unbedingt helfen zu wollen. «Erzählen
Sie mir, wer Sie sind, und vielleicht rede ich dann ganz
anders mit ihnen, nicht so wie jetzt.»

«Das würden Sie sicher, sag ich Ihnen!» sagte der alte
Mann.

Der Barkellner war froh, als er sah, dass der Alte sich
Bier in sein Glas goss. Er beobachtete, wie er das erste Drit-
tel des Glases austrank, und dann sagte der alte Mann:
«Mein Name ist Algayler, ja, das ist mein Name.»

Er trank noch etwas Bier, und der Barkellner wartete,
dass er weiterspräche. Er stand jetzt am Ende der Theke, so
dass er ein Auge auf den Jungen auf der Straße haben konnte. Das Kind rieb die Hände aneinander, aber sonst fehlte
ihm offenbar nichts. Es war ein Junge, der durch Härten
aller Art zäh geworden war, und das Warten auf der Straße,
bis der Vater käme, würde ihm nicht übermäßig viel anha-
ben können.

"Algayler," the old man said again, and he went on softly. The bartender couldn't hear what he was saying now, but that didn't matter because he knew the old man would be all right from now on. He was back in himself altogether again where he belonged.

A woman who had been coming to the saloon every day now around noon for a week or so came in with a fox-terrier on a leash and said. "There's a small boy standing out front in the cold. Now, whose boy is he?"

The woman clamped her false teeth together as she looked over the drinkers, and her dog danced around her feet getting used to the warmth of the place.

"He's all right," the bartender said. "His father's gone on an errand. He'll be back in a minute."

"Well, he'd *better* be back in a minute," the woman said. "If there's one thing I can't stand it's a father who leaves a boy standing in the street."

"Algayler," the old man turned and said in a very loud voice.

"What did you say to me, you drunken old bum?" the woman said. Her dog moved toward the old man, tightening the leash, and barked several times.

"It's all right," the bartender said politely. "He only said his name."

"Well, it's a good thing he didn't say something else," the woman said, clamping down on her false teeth again.

The dog calmed down a little, too, but still had to dance about because of the warmth. He was wearing the coat she always strapped on him in the cold weather, but it never did his feet any good, and it was his feet that felt the cold the most.

The bartender poured beer into a glass for the woman and she began to drink, standing at the bar. Finally, she got up on a stool to take things easy,

«Algayler», sagte der alte Mann wieder, und er sprach leise weiter. Der Barkellner konnte nicht hören, was er dann sagte, aber das machte nichts, denn er wusste, dass der Alte von jetzt an ganz ruhig war. Er hatte wieder völlig zu sich selbst zurückgefunden.

Eine Frau, die seit etwa einer Woche jeden Tag um die Mittagszeit in die Bar kam, trat ein mit einem Foxterrier an der Leine und sagte: «Da draußen steht ein kleiner Junge vor der Tür – in der Kälte! Zu wem gehört der denn?»

Die Frau klappte ihre falschen Zähne zusammen, als sie die Trinker der Reihe nach musterte, und der Hund tanzte um ihre Füße, um sich an die Wärme des Lokals zu gewöhnen.

«Ihm fehlt nichts», sagte der Barkellner. «Sein Vater macht eine Besorgung. Er kommt jede Minute zurück.»

«Er täte gut daran, in einer Minute zurückzukommen», sagte die Frau. «Wenn ich etwas nicht ausstehen kann, dann ist es ein Vater, der seinen Jungen auf der Straße rumstehen lässt!»

«Algayler.» Der alte Mann drehte sich um und sprach mit sehr lauter Stimme.

«Was sagen Sie zu mir, Sie betrunkener alter Strolch?» sagte die Frau. Der Hund ging auf den alten Mann zu, strammte die Leine und bellte ein paar Mal.

«Es ist nichts Schlimmes», sagte der Barkellner höflich. «Er hat nur seinen Namen gesagt.»

«Na, dann ist es ja gut, wenn er nichts anderes gesagt hat», meinte die Frau und biss ihre falschen Zähne wieder zusammen.

Auch der Hund beruhigte sich ein wenig, musste aber immer noch wegen der Wärme herumtanzen. Er trug eine kleine Schabracke, die sie ihm bei kaltem Wetter immer anzog, aber die nützte seinen Pfoten nichts, und die Pfoten waren es, die die Kälte am meisten spürten.

Der Barkellner goss Bier für die Frau in ein Glas, und sie begann an der Bar stehend zu trinken. Schließlich kletterte sie auf einen Barstuhl, um es sich gemütlich zu

and the dog stopped dancing to look around the place.

The bartender took Algayler another bottle of free beer and without a word, or even a glance, they were agreed that they could get along on this basis.

A man of thirty-five or so whose face and neatly trimmed moustache seemed faintly familiar came in from the 37th Street entrance and asked for a shot of bourbon, and after the drink had been poured, the bartender said very quietly so that no one else would hear him, "That wouldn't be your son standing outside, would it?"

The man had lifted the small glass to his lips, looking at it, but now, having heard the question, he looked away from the glass to the bartender, then swallowed the drink quickly and without a word moved to the front window to have a look at the boy. At last he turned to the bartender and shook his head. He wanted another and had it and then went out and walked past the boy, hardly noticing him.

After finishing the second free bottle of beer Algayler began to doze in his chair, and the woman with the fox-terrier began to tell the bartender something about her dog.

"I've had Tippy all his life," she said, "and we've been together the whole time. Every minute of it."

A fellow under thirty in pretty good clothes came in at a quarter after twelve and asked for Johnny Walker Black Label over ice with a water chaser, but quickly settled for Red Label, and after finishing the drink said, "Where's the television?"

"We don't have any."

"No television?" the man said cheerfully. "What kind of a bar is this, anyway? I did'n know there was a bar in New York that didn't have a television. What do people look at in here, anyway?"

"All we've got is the phonograph."

"Well, O.K., then," the man said. "If that's all

machen, und der Hund hörte auf zu tanzen und schnüffelte nun herum.

Der Barkellner brachte Algayler eine weitere Flasche Freibier, und ohne ein Wort, ja ohne einen Blick waren beide übereingekommen, auf dieser Basis Frieden zu halten.

Ein Mann von etwa fünfunddreißig, dessen Gesicht und sauber geschnittenes Bärtchen irgendwie vertraut schienen, trat von der Tür zur siebenunddreißigsten Straße her ein und bestellte einen Schluck Bourbon; der Barkellner schenkte ein und fragte darauf so leise, dass kein anderer ihn hören konnte: «Das ist doch sicher nicht Ihr Sohn, der da draußen steht, nicht wahr?»

Der Mann hatte das kleine Glas an die Lippen gehoben und es angeschaut; aber nun, nachdem er die Frage gehört hatte, sah er vom Glas auf zum Barkellner, schuckte schnell hinunter und ging wortlos zum Fenster, um einen Blick auf den Jungen zu werfen. Schließlich wandte er sich nach dem Barkellner um und schüttelte den Kopf. Er verlangte noch ein Glas und trank es aus, dann ging er hinaus und an dem Jungen vorbei, ihn kaum beachtend.

Nachdem Algayler seine zweite Flasche Freibier ausgetrunken hatte, begann er auf seinem Stuhl vor sich hinzudösen, und die Frau mit dem Foxterrier fing an, dem Barkellner etwas von ihrem Hund zu erzählen.

«Ich habe Tippy seit er lebt», sagte sie, «und wir sind die ganze Zeit zusammen gewesen. Jede Minute!»

Ein Mann unter dreißig in ziemlich guter Kleidung kam um Viertel nach zwölf herein und bestellte sich einen Johnny Walker Schwarzes Etikett auf Eis mit Soda, entschied sich dann plötzlich für Rotes Etikett; als er ausgetrunken hatte, fragte er: «Wo ist der Fernseher?»

«Wir haben keinen.»

«Keinen Fernseher?» fragte der Mann gutgelaunt. «Ja, was ist denn das für'n Laden? Ich wusste nicht, dass es in New York überhaupt eine Bar gibt, die keinen Fernseher hat. Was sehen sich die Leute denn hier drin an?»

«Wir haben bloß einen Musikautomaten.»

«Gut, also okay», sagte der Mann. «Wenn das alles ist,

you've got, that's all you've got. What would you like to hear?"

"Suit yourself."

The man studied the titles of the various records that were in the machine and then said, "How about Benny Goodman doing *Jingle Bells*?"

"Suit yourself," the bartender said.

"O.K.," the man said, putting a nickel into the slot. "*Jingle Bells* it is."

The machine began to work as the man sat at the bar again and the bartender fixed him another Red Label over ice. The music began and after listening a moment the man said, "That ain't *Jingle Bells*, that's something else."

"You pressed the wrong number."

"Well," the man said pleasantly, "no matter. No matter at all. That ain't a bad number, either."

The boy came in again but the machine was making too much noise for the bartender to be able to tell him to get out without shouting at him, so he went to the boy and led him out to his place in the street.

"Where's my father?" Donald Efaw said.

"He'll be back in a minute. You just stay out here."

This went on until half past two when snow began to fall. The bartender chose an appropriate moment to go out and bring the boy in. He began to make trips to the kitchen fetching the boy things to eat. The boy sat on a box, behind the bar, out of sight, and ate off the top of another box.

After eating, the boy began to fall asleep, so the bartender fixed him a place to stretch out on some empty beer cases, using his overcoat for a mattress and three old aprons out of the laundry bag and his street coat for covering. He and the boy hadn't said a word since he had brought the boy in, and now, stretched out, on the verge of falling

was Sie haben, dann ist es eben alles. Was würden Sie gern hören?»

«Ganz nach Ihrem Belieben.»

Der Mann studierte die Titel der verschiedenen Platten, die im Automaten waren, und sagte dann: «Wie wär's mit Benny Goodman ‹Jingle Bells›?»

«Wie sie wünschen», sagte der Barkellner.

«Na gut», sagte der Mann und steckte einen Nickel in den Schlitz, «also ‹Jingle Bells›.»

Der Automat lief an, während sich der Mann wieder an die Bar setzte und der Barkellner ihm noch ein Glas Rotes Etikett über Eis mischte. Die Musik begann, und nachdem der Mann einen Augenblick zugehört hatte, sagte er: «Das ist nicht ‹Jingle Bells›, das ist etwas anderes.»

«Sie haben auf die falsche Nummer gedrückt.»

«Na», sagte der Mann freundlich, «spielt keine Rolle. Spielt keine Rolle. Die Nummer ist auch nicht schlecht.»

Der Junge kam wieder herein, aber der Musikautomat machte zu viel Lärm – der Barkellner konnte ihm nicht sagen, er solle hinausgehen, ohne ihn anzuschreien, und so ging er hinüber zu dem Jungen und führte ihn hinaus auf die Straße.

«Wo ist mein Vater?» sagte Donald Efaw.

«Er wird jede Minute zurück sein. Warte nur hier draußen!»

So ging es weiter bis halb drei, als es anfing zu schneien. Der Barkellner passte einen geeigneten Augenblick ab, um hinauszugehen und den Jungen hereinzuholen. Er machte kleine Abstecher in die Küche und holte dem Kind etwas zu essen. Der Junge saß auf einer Kiste hinter der Theke, so dass ihn niemand sehen konnte, und aß vom Deckel einer zweiten Kiste.

Nachdem er gegessen hatte, wurde er schläfrig, und nun machte ihm der Barkellner ein Lager auf ein paar leeren Bierkästen, wo er sich ausstrecken konnte; er benutzte seinen Mantel als Matratze und drei alte Schürzen aus dem Wäschebeutel und sein Jackett als Decke. Sie hatten beide kein Wort gesprochen, er und der Junge, seit er ihn herein-

asleep, the boy almost smiled and wept at the same time.

The morning drinkers were gone now, including Algayler and the woman with the false teeth and the fox-terrier and the trade changed once again while the boy slept.

It was a quarter to five when the boy sat up. He remembered the bartender after a moment, but again they didn't speak. He sat up, as if he were in his bed at home, and then, after dreaming with his eyes open for ten minutes, stepped down.

It was dark outside now and it was snowing the way it does in a storm. The boy watched the snow a moment and then turned and looked up at the bartender.

"Did my father come back?" he said.

"Not yet," the bartender said.

He knelt down to talk to the boy.

"I'll be through work in a few minutes, and if you can show me your house when you see it, I'll try to get you home."

"Didn't my father come back?"

"No, he didn't. Maybe he forgot where he left you."

"He left me right here," the boy said, as if that were something impossible to forget. "Right out front."

"I know."

The night bartender came out of the kitchen in his white coat and noticed the boy.

"Who's that, John? One of your kids?"

"Yeah," the bartender said because he didn't want to try to tell the other bartender what had happened.

"Where'd he get that coat?"

The boy winced and looked at the floor.

"It's one of my old coats," the bartender said. "He's got his own of course, but this is the coat he likes to wear."

geholt hatte, und als das Kind sich jetzt ausstreckte und am Einschlafen war, lächelte und weinte es fast zugleich.

Die morgendlichen Trinker waren weggegangen, mit ihnen Algayler und die Frau mit den falschen Zähnen und dem Foxterrier, und das einkehrende Publikum wechselte, während der Junge immer noch schlief.

Es war viertel vor fünf, als er sich aufrichtete. Er erinnerte sich gleich an den Barkellner, aber sie sprachen wieder nicht. Er setzte sich auf, als wäre er zu Hause in seinem Bett, träumte zehn Minuten mit offenen Augen und stieg dann herunter.

Jetzt war es draußen dunkel, und es schneite so heftig wie bei einem Gewitter. Der Junge betrachtete einen Augenblick den Schnee, dann wandte er sich um und sah zu dem Barkellner auf.

«Ist mein Vater zurückgekommen?» fragte er.

«Noch nicht», sagte der Barkellner.

Er kniete sich zu dem Jungen, um mit ihm zu sprechen.

«In ein paar Minuten bin ich mit meiner Arbeit fertig; wenn du mir euer Haus zeigen kannst, wenn du's siehst, will ich versuchen, dich nach Hause zu bringen.»

«Ist denn mein Vater nicht gekommen?»

«Nein, er ist nicht gekommen. Vielleicht hat er vergessen, wo er dich stehen ließ.»

«Er hat mich doch hier gelassen», sagte der Junge, als wäre das etwas, was man unmöglich vergessen kann. «Direkt vor der Tür.»

«Ich weiß.»

Der Barkellner vom Nachtdienst kam in seiner weißen Jacke aus der Küche und sah den Jungen.

«Wer ist denn das, John? Eins von deinen Kindern?»

«Ja ja», sagte der Barkellner, der keine Lust hatte, dem andern auseinanderzusetzen, was geschehen war.

«Wo hat er denn die Jacke her?»

Der Junge zuckte zusammen und sah zu Boden.

«Es ist eine alte Jacke von mir», sagte der Barkellner. «Er hat natürlich ein eigenes, aber er will unbedingt gerade diese alte Jacke tragen.»

The boy looked up at the bartender suddenly, amazed.

"Yeah, that's the way it is with kids, John," the night bartender said. "Always wanting to be like the old man."

"That's right," the other said. He took off his white coat and got into his street coat and overcoat, and took the boy by the hand.

"Good night," he said, and the night bartender answered him and watched him step out into the street with the boy.

They walked together in silence three blocks and then stepped into a drug store and sat at the counter.

"Chocolate or vanilla?"

"I don't know."

"One chocolate, one vanilla ice cream soda," the bartender said to the soda jerk, and when the drinks were set down on the counter the bartender went to work on the vanilla. The boy did all right on the other, and then they stepped out into the snow again.

"Now, try to remember which way you live. Can you do that?"

"I don't *know* which way."

The bartender stood in the snow, trying to think what to do, but the going was tough, and he got nowhere.

"Well," he said at last, "do you think you could spend the night at my house with my kids? I've got two boys and a little girl. We'll make a place for you to sleep, and tomorrow your father will come and get you."

"Will he?"

"Sure he will."

They walked along in the silent snow and then the bartender heard the boy begin to cry softly. He didn't try to comfort the boy because he knew there was no comforting him. The boy didn't let

Der Junge blickte mit einem Mal zu dem Barkellner auf, überrascht.

«Ja ja, John, so ist es nun einmal mit Kindern», sagte der vom Nachtdienst, «immer wollen sie gerne so sein wie der Vater.»

«Das stimmt», sagte der Barkellner. Er legte den weißen Kittel ab und zog sein Straßenjackett und seinen Mantel an und nahm den Jungen bei der Hand.

«Gute Nacht», sagte er und sein Kollege wünschte ihm auch Gute Nacht und sah ihm nach, wie er mit dem Jungen auf die Straße trat.

Schweigend gingen sie drei Blocks weiter, dann traten sie in einen Drugstore und setzten sich an den Ladentisch.

«Schokolade oder Vanille?»

«Ich weiß nicht.»

«Ein Schokoladen- und ein Vanille-Eiscreme-Soda» sagte der Barkellner zu dem Soda-Jungen, und als die Gläser auf der Theke standen, machte sich der Barkellner an das Vanille-Eis. Der Junge ließ sich das andere schmecken, und dann gingen sie wieder zusammen hinaus in den Schnee.

«So, nun versuch dich mal zu erinnern, in welcher Richtung du wohnst. Kannst du das wohl?»

«Ich weiß die Richtung nicht.»

Der Barkellner stand im Schnee und versuchte sich klarzumachen, was er tun sollte, aber das war schwer, und er kam nicht weit.

«Also», sagte er schließlich, «was meinst du – willst du die Nacht zu Hause bei mir und meinen Kindern bleiben? Ich habe zwei Jungen und ein kleines Mädchen. Wir machen dir ein Lager, wo du schlafen kannst, und morgen kommt dein Vater und holt dich ab.»

«Kommt er?»

«Na sicher!»

Sie gingen weiter im lautlosen Schneetreiben, und dann hörte der Barkellner, wie der Junge leise zu weinen anfing. Er versuchte nicht, ihn zu trösten, weil er wusste, dass es für ihn keinen Trost gab. Aber der Junge ließ sich

himself go, though, he just cried softly, and moved along with his friend. He had heard about strangers and he had heard about enemies and he had come to believe that they were the same thing, but here was somebody he had never seen before who was neither a stranger nor an enemy. All the same it was awful lonesome without his angry father.

They began to go up some steps that were covered with snow and the boy's friend said, "This is where we live. We'll have some hot food and then you can go to bed until tomorrow when your father will come and get you."

"When will he come?" the boy said.

"In the morning," his friend said.

When they stepped into the light of the house the bartender saw that the boy was finished crying, perhaps for the rest of his life.

nicht gehen, er weinte nur ganz leise und ging mit seinem Freund weiter. Er hatte von Fremden gehört und er hatte von Feinden gehört, und war zu der Meinung gekommen, dass sie ein und dasselbe seien, aber hier war nun jemand, den er noch nie gesehen hatte, und der doch weder ein Fremder noch ein Feind war. Trotzdem war er schrecklich einsam ohne seinen ewig gereizten Vater.

Sie fingen an, ein paar Stufen hinaufzusteigen, die mit Schnee bedeckt waren, und der Freund des Jungen sagte: «Siehst du, hier wohnen wir. Jetzt bekommen wir etwas Warmes zu essen, und dann kannst du dich schlafen legen, bis morgen, wenn dein Vater dich abholen kommt.»

«Wann wird er kommen?» fragte der Junge.

«Morgen früh», sagte sein Freund.

Als sie in das beleuchtete Haus traten, sah der Barkellner, dass der Junge nicht mehr weinte – vielleicht musste er nun nie mehr weinen.

John Steinbeck: The Murder

This happened a number of years ago in Monterey County, in central California. The Canyon del Castillo is one of those valleys in the Santa Lucia range which lie between its many spurs and ridges. From the main Canyon del Castillo a number of little arroyos cut back into the mountains, oak-wooded canyons, heavily brushed with poison oak and sage. At the head of the canyon there stands a tremendous stone castle, buttressed and towered like those strongholds the Crusaders put up in the path of their conquests. Only a close visit to the castle shows it to be a strange accident of time and water and erosion working on soft stratified sand-stone. In the distance the ruined battlements, the gates, the towers, even the narrow slits, require little imagination to make out.

Below the castle, on the nearly level floor of the canyon, stands the old ranch house, a weathered and mossy barn and a warped feeding-shed for cattle. The house is deserted; the doors, swinging on rusted hinges, squeal and bang on nights when the wind courses down from the castle. Not many people visit the house. Sometimes a crowd of boys tramp through the rooms, peering into empty closets and loudly defying the ghosts they deny.

Jim Moore, who owns the land, does not like to have people about the house. He rides up from his new house, farther down the valley, and chases the boys away. He has put "No Trespassing" signs on his fences to keep curious and morbid people out. Sometimes he thinks of burning the old house down, but then a strange and powerful relation with the swinging doors, the blind and desolate windows, forbids the destruction. If he should burn the house he would destroy a great and im-

Dies geschah vor einer Reihe von Jahren im Bezirk Monterey in Mittelkalifornien. Der Cañon del Castillo ist eins jener Täler in der Santa-Lucia-Kette, die zwischen ihren vielen Graten und Vorbergen liegen. Vom großen Castillo-Cañon schneiden viele Seitentäler tief in die Berge, eichenbewaldete Schluchten, dicht überwuchert von Sumach und Salbei. Am Kopf des Cañon steht ein riesiges steinernes Kastell mit Pfeilern und Türmen, wie die Festungen, die von den Kreuzfahrern im Zuge ihrer Eroberungen errichtet wurden. Erst wenn man nahe an das Kastell herangeht, zeigt es sich, dass hier ein seltsames Zufallsspiel von Zeit und Wasser und Verwitterung an dem weichen, schichtenförmigen Sandstein gearbeitet hat. Aus der Ferne kann man, ohne dass es besonderer Phantasie bedürfte, die verfallenen Zinnen, Tore, Türme und sogar die schmalen Schießscharten erkennen.

Unter diesem Kastell, auf dem fast ebenen Boden des Tals, steht das alte Farmhaus mit einer verwitterten, moosbewachsenen Scheune und einem windschiefen Futterschuppen für das Vieh. Das Haus ist verlassen; die Türen, an rostigen Angeln hängend, quietschen und schlagen nachts, wenn der Wind vom Kastell herunterfährt. Nicht viele Leute besuchen das Haus. Manchmal zieht eine Horde Jungen durch die Räume; sie spähen in die leeren Schränke und fordern die Gespenster, die sie leugnen, laut heraus.

Jim Moore, dem das Land gehört, mag nicht gern Leute dort im Hause haben. Er reitet von seinem neuen Haus weiter unten im Tal herauf und jagt die Jungen fort. Er hat Schilder mit «Zugang verboten» an seinen Zäunen angebracht, um neugierige und gespenstersüchtige Leute fernzuhalten. Manchmal denkt er daran, das alte Haus niederzubrennen, doch dann verbietet ihm eine seltsame und starke Verbundenheit mit diesen schwingenden Türen und den blinden, trostlosen Fenstern die Zerstörung. Wenn er das Haus verbrennen würde, so würde er ein großes und

portant piece of his life. He knows that when he goes to town with his plump and still pretty wife, people turn and look at his retreating back with awe and some admiration.

Jim Moore was born in the old house and grew up in it. He knew every grained and weathered board of the barn, every smooth, worn manger-rack. His mother and father were both dead when he was thirty. He celebrated his majority by raising a beard. He sold the pigs and decided never to have any more. At last he bought a fine Guernsey bull to improve his stock, and he began to go to Monterey on Saturday nights, to get drunk and to talk with the noisy girls of the Three Star.

Within a year Jim Moore married Jelka Sepic, a Jugo-Slav girl, daughter of a heavy and patient farmer of Pine Canyon. Jim was not proud of her foreign family, of her many brothers and sisters and cousins, but he delighted in her beauty. Jelka had eyes as large and questioning as a doe's eyes. Her nose was thin and sharply faceted, and her lips were deep and soft. Jelka's skin always startled Jim, for between night and night he forgot how beautiful it was. She was so smooth and quiet and gentle, such a good housekeeper, that Jim often thought with disgust of her father's advice on the wedding day. The old man, bleary and bloated with festival beer, elbowed Jim in the ribs and grinned suggestively, so that his little dark eyes almost disappeared behind puffed and wrinkled lids.

"Don't be a big fool, now," he said. "Jelka is Slav girl. He's not like American girl. If he is bad, beat him. If he's good too long, beat him too. I beat his mama. Papa beat my mama. Slav girl! He's not like a man that don't beat hell out of him."

wichtiges Stück seines Lebens vernichten. Er weiß, wenn er mit seiner rundlichen und immer noch hübschen Frau in die Stadt kommt, sehen sich die Leute um und betrachten seinen sich entfernenden Rücken mit Scheu und ein wenig Bewunderung.

Jim Moore war in dem alten Haus geboren und aufgewachsen. Er kannte jedes der faserigen, verwitterten Bretter in der Scheune, jede glatte, abgewetzte Futterkrippe. Als er an die Dreißig kam, waren sein Vater und seine Mutter bereits tot. Er feierte seine Volljährigkeit, indem er sich einen Bart wachsen ließ. Er verkaufte die Schweine und beschloss, nie wieder welche zu halten. Schließlich kaufte er einen prachtvollen Guernsey-Bullen, um seine Herden hochzuzüchten, und begann Samstag abends nach Monterey zu gehen, sich zu betrinken und mit den überlauten Mädchen aus den «Drei Sternen» zu schwatzen.

Im Laufe des Jahres heiratete Jim Moore ein jugoslawisches Mädchen, Jelka Sepic, die Tochter eines schwerfälligen und geduldigen Bauern aus dem Pine Cañon. Jim war nicht gerade stolz auf ihre ausländische Familie, ihre vielen Brüder und Schwestern und Vettern, aber er war entzückt von ihrer Schönheit. Jelkas Augen waren so groß und fragend wie die eines Rehes. Ihre Nase war schmal und scharf geschnitten, und ihre Lippen waren voll und weich. Jelkas Haut verwirrte Jim immer wieder, denn er vergaß von einer Nacht zur andern, wie schön sie war. Jelka war so sanft und ruhig und freundlich und eine so gute Hausfrau, dass Jim nur mit Abscheu an ihres Vaters Rat bei der Hochzeit denken konnte. Der Alte, benebelt und geschwollen vom Festtagsbier, hatte Jim einen Rippenstoß gegeben und vielsagend gegrinst, so dass seine kleinen dunklen Augen fast hinter den gedunsenen und faltigen Lidern verschwanden.

«Sei nicht großer Narr», sagte er. «Jelka ist slawisches Mädchen. Ist nicht wie Amerikanerin. Wenn sie ist schlecht, schlag sie. Wenn ist zu lang brav, schlag sie auch. Ich ihre Mutter geschlagen hab. Mein Vater meine Mutter geschlagen hat. Slawenmädel! Der ist kein Kerl, der nicht den Teufel aus ihr rausprügelt!»

"I wouldn't beat Jelka," Jim said.

The father giggled and nudged him with his elbow, "Don't be big fool," he warned. "Sometime you see." He rolled back to the beer barrel.

Jim found soon enough that Jelka was not like the American girls. She was very quiet. She never spoke first, but only answered his questions, and then with soft short replies. She learned her husband as she learned passages of Scripture. After they had been married a while, Jim never wanted for any habitual thing in the house but Jelka had it ready for him before he could ask. She was a fine wife, but there was no companionship in her. She never talked. Her great eyes followed him, and when he smiled, sometimes she smiled too, a distant and covered smile. Her knitting and mending and sewing were interminable. There she sat, watching her wise hands, and she seemed to regard with wonder and pride the little white hands that could do such nice and useful things. She was so much like an animal that sometimes Jim patted her head and neck under the same impulse that made him stroke a horse.

In the house Jelka was remarkable. No matter what time Jim came in from the hot dry range or from the bottom farm land, his dinner was exactly, steamingly ready for him. She watched while he ate, and pushed the dishes close when he needed them, and filled his cup when it was empty.

Early in the marriage he told her things that happened on the farm, but she smiled at him as a foreigner does who wishes to be agreeable even though he doesn't understand.

"The stallion cut himself on the barbed wire," he said.

And she replied, "Yes," with a downward inflection that held neither question nor interest.

He realized before long that he could not get in

«Ich würde Jelka nicht schlagen», sagte Jim.

Der Vater kicherte und stieß ihn wieder mit dem Ellbogen an. «Sei nicht großer Narr!» warnte er. «Einmal du wirst einsehen.» Er trottete wieder zum Bierfass.

Jim fand bald genug heraus, dass Jelka nicht war wie die amerikanischen Mädchen. Sie war immer still. Sie sprach nie zuerst, sondern antwortete nur auf seine Fragen, und dann mit sanften kurzen Worten. Sie studierte ihren Mann, wie sie Bibelstellen studierte. Nachdem sie eine Weile verheiratet waren, brauchte Jim kein alltägliches Ding im Haus mehr zu fordern, sondern Jelka hielt es für ihn bereit, ehe er es aussprach. Sie war eine prachtvolle Ehefrau, aber sie kannte keine Geselligkeit. Sie schwatzte nie. Ihre großen Augen folgten ihm, und wenn er lächelte, dann lächelte auch sie manchmal ein fernes, verstohlenes Lächeln. Sie strickte und stopfte und nähte unaufhörlich. Sie konnte dasitzen und ihre geschickten Hände betrachten, und sie beobachtete anscheinend mit Staunen und Stolz die kleinen weißen Hände, die solche netten und nützlichen Dinge tun konnten. Sie hatte so viel von einem Tier, dass Jim manchmal ihren Kopf und Nacken aus dem gleichen Antrieb liebkoste, aus dem er ein Pferd tätschelte.

Im Hause war Jelka geradezu erstaunlich. Gleichviel zu welcher Zeit Jim heimkam, vom heißen trockenen Weideland oder vom unteren Acker, das dampfende Essen war soeben für ihn fertig geworden. Sie passte auf, während er aß, schob ihm die Schüsseln hin, wenn er sie brauchte und füllte seinen Becher, wenn er leer war.

Im Anfang ihrer Ehe erzählte er ihr von den Dingen, die auf der Farm geschehen waren, aber sie lächelte ihm zu wie eine Fremde, die liebenswürdig sein will, obwohl sie einen nicht versteht.

«Der Hengst hat sich am Stacheldraht aufgerissen», sagte er.

Und sie erwiderte: «Ja», mit einem Senken des Kopfes, in dem weder Frage noch Interesse lag.

Er merkte bald, dass er ihr auf keine Weise nahekom-

touch with her in any way. If she had a life apart, it was so remote as to be beyond his reach. The barrier in her eyes was not one that could be removed, for it was neither hostile nor intentional.

At night he stroked her straight black hair and her unbelievably smooth golden shoulders, and she whimpered a little with pleasure. Only in the climax of his embrace did she seem to have a life apart, fierce and passionate. And then immediately she lapsed into the alert and painfully dutiful wife.

"Why don't you ever talk to me," he demanded. "Don't you want to talk to me?"

"Yes," she said. "What do you want me to say?" She spoke the language of his race out of a mind that was foreign to his race.

When a year had passed, Jim began to crave the company of women, the chattery exchange of small talk, the shrill pleasant insults, the shame-sharpened vulgarity. He began to go again to town, to drink and to play with the noisy girls of the Three Star. They liked him there for his firm, controlled fall and for his readiness to laugh.

"Where's your wife?" they demanded.

"Home in the barn," he responded. It was a never-failing joke.

Saturday afternoons he saddled a horse and put a rifle in the scabbard in case he should see a deer. Always he asked, "You don't mind staying alone?"

"No. I don't mind."

And once he asked, "Suppose someone should come?"

Her eyes sharpened for a moment, and then she smiled. "I would send them away," she said.

"I'll be back about noon tomorrow. It's too far to ride in the night." He felt that she knew where he was going, but she never protested nor gave any sign of disapproval. "You should have a baby," he said.

men konnte. Wenn sie ein Eigenleben führte, war es ihm so fern, dass er es nicht erreichen konnte. Die Schranke in ihren Augen war keine, die sich entfernen ließ, denn sie war weder feindlich noch beabsichtigt.

Nachts streichelte er ihr glattes schwarzes Haar und ihre unglaublich weichen goldenen Schultern, und sie gab kleine Laute des Behagens von sich. Nur auf dem Höhepunkt seiner Umarmung schien sie ein eigenes Leben zu haben, ein wildes, leidenschaftliches. Gleich danach wurde sie wieder zur aufmerksamen, peinlich pflichttreuen Ehefrau.

«Warum sprichst du nie mit mir?» fragte er. «Magst du nicht mit mir sprechen?»

«Doch», erwiderte sie. «Was willst du hören? Was soll ich sagen?» Sie sprach die Sprache seines Volkes aus einem Sinn, der seinem Volke fremd war.

Als ein Jahr vergangen war, fing Jim an, die Gesellschaft von Frauen zu suchen, ihr kleines Alltagsgeschwätz, ihr grelles lustiges Gezänk, ihre indiskrete Gewöhnlichkeit. Er begann wieder in die Stadt zu reiten, zu trinken und mit den überlauten Mädchen aus den «Drei Sternen» herumzutändeln. Sie mochten ihn dort gern, seine feste, beherrschte Redeweise und sein immer bereites Lachen.

«Wo ist deine Frau?» fragten sie.

«Zu Hause im Stall», antwortete er. Es war ein nie versagender Scherz.

An den Samstag-Nachmittagen sattelte er ein Pferd und steckte ein Gewehr in das Futteral, für den Fall, dass er ein Stück Wild sehen sollte. Immer fragte er: «Macht es dir nichts aus, allein zu bleiben?»

«Nein. Es macht mir nichts aus.»

Und einmal fragte er: «Und falls jemand herkäme?»

Ihre Augen wurden eine Sekunde scharf, dann lächelte sie. «Ich würde sie wegschicken.»

«Ich werde morgen Mittag zurück sein. Es ist zu weit, um in der Nacht zurückzureiten.» Er spürte, dass sie wusste, wohin er ging, aber sie machte nie Einwendungen und gab kein Zeichen von Missfallen. «Du solltest ein Kind haben», sagte er.

Her face lighted up. "Some time God will be good," she said eagerly.

He was sorry for her loneliness. If only she visited with the other women of the canyon she would be less lonely, but she had no gift for visiting. Once every month or so she put horses to the buckboard and went to spend an afternoon with her mother, and with the brood of brothers and sisters and cousins who lived in her father's house.

"A fine time you'll have," Jim said to her. "You'll gabble your crazy language like ducks for a whole afternoon. You'll giggle with that big grown cousin of yours with the embarrassed face. If I could find any fault with you, I'd call you a damn foreigner." He remembered how she blessed the bread with the sign of the cross before she put it in the oven, how she knelt at the bedside every night, how she had a holy picture tacked to the wall in the closet.

One Saturday of a hot dusty June, Jim cut oats in the farm flat. The day was long. It was after six o'clock when the mower tumbled the last band of oats. He drove the clanking machine up into the barnyard and backed it into the implement shed, and there he unhitched the horses and turned them out to graze on the hills over Sunday. When he entered the kitchen Jelka was just putting his dinner on the table. He washed his hands and face and sat down to eat.

"I'm tired," he said, "but I think I'll go to Monterey anyway. There's to be a full moon."

Her soft eyes smiled.

"I'll tell you what I'll do," he said. "If you would like to go, I'll hitch up a rig and take you with me."

She smiled again, shook her head. "No, the stores would be closed. I would rather stay here."

"Well, all right, I'll saddle the horse then. I didn't think I was going. The stock's all turned out.

Ihr Gesicht leuchtete auf. «Eines Tages wird Gott gut zu uns sein», sagte sie eifrig.

Sie tat ihm leid in ihrer Einsamkeit. Wenn sie nur mit den anderen Frauen aus dem Cañon verkehren würde, wäre sie weniger einsam; aber sie war für Geselligkeit nicht begabt. Einmal im Monat, so etwa, spannte sie die Pferde vor den Kutschwagen und fuhr auf einen Nachmittag zu ihrer Mutter und der ganzen Sippschaft von Brüdern und Schwestern und Vettern, die in ihres Vaters Haus lebten.

«Du wirst es ja lustig haben», sagte Jim zu ihr. «Einen ganzen Nachmittag werdet ihr wie Enten eure verrückte Sprache schnattern. Du wirst mit deinem Vetter herumschäkern, dem großen, erwachsenen mit dem verlegenen Gesicht. Wenn ich irgend etwas an dir auszusetzen fände, würde ich dich verdammte Ausländerin nennen.» Er dachte daran, wie sie das Brot mit dem Zeichen des Kreuzes segnete, ehe sie es in den Ofen schob, wie sie jeden Abend neben ihrem Bette kniete, wie sie im Schrank ein Heiligenbild an die Wand geheftet hatte.

An einem heißen, staubigen Samstag im Juni mähte Jim in der Farmniederung den Hafer. Der Tag war lang. Es war nach sechs, als die Mähmaschine die letzte Reihe Garben herunterwarf. Jim fuhr die klappernde Maschine hinauf in den Wirtschaftshof und schob sie rückwärts in den Geräteschuppen; dort spannte er die Pferde aus und trieb sie für den Sonntag in die Berge zum Grasen. Als er in die Küche trat, stellte ihm Jelka gerade das Essen auf den Tisch. Er wusch sich Gesicht und Hände und setzte sich zu Tisch.

«Ich bin müde», sagte er, «aber ich denke, ich reite doch nach Monterey. Es wird Vollmond sein.»

Ihre sanften Augen lächelten.

«Ich will dir sagen, was ich tue», sagte er. «Wenn du gern mit willst, spanne ich an und nehme dich mit.»

Sie lächelte wieder und schüttelte den Kopf. «Nein, die Läden werden zu sein. Ich möchte lieber hierbleiben.»

«Gut also – dann sattle ich das Pferd. Ich dachte nicht, dass ich hinwollte. Alle Tiere sind hinausgetrieben. Viel-

Maybe I can catch a horse easy. Sure you don't want to go?"

"If it was early, and I could go to the stores – but it will be ten o'clock when you get there."

"Oh, no – well, anyway, on horseback I'll make it a little after nine."

Her mouth smiled to itself, but her eyes watched him for the development of a wish. Perhaps because he was tired from the long day's work, he demanded, "What are you thinking about?"

"Thinking about? I remember, you used to ask that nearly every day when we were first married."

"But what are you?" he insisted irritably.

"Oh – I'm thinking about the eggs under the black hen." She got up and went to the big calender at the wall. "They will hatch tomorrow or maybe Monday."

It was almost dusk when he had finished shaving and putting on his blue serge suit and his new boots. Jelka had the dishes washed and put away. As Jim went through the kitchen he saw that she had taken the lamp to the table near the window, and that she sat beside it knitting a brown wool sock.

"Why do you sit there tonight?" he asked. "You always sit over here. You do funny things sometimes."

Her eyes arose slowly from her flying hands. "The moon," she said quietly. "You said it would be full tonight. I want to see the moon rise."

"But you're silly. You can't see it from that window. I thought you knew direction better than that."

She smiled remotely. "I will look out of the bedroom window, then."

Jim put on his black hat and went out. Walking through the dark empty barn, he took a halter from the rack. On the grassy sidehill he whistled high and shrill. The horses stopped feeding and moved

leicht kann ich schnell ein Pferd einfangen. Willst du bestimmt nicht mit?»

«Wenn es zeitig wäre und ich in die Läden könnte – aber es wird zehn sein, bis du dort bist.»

«Oh nein – nun, jedenfalls schaffe ich's zu Pferd bis kurz nach neun.»

Ihr Mund lächelte verstohlen, aber ihre Augen beobachteten ihn, als warteten sie auf einen Wunsch. Vielleicht weil er von der langen Tagesarbeit müde war, fragte er: «Über was denkst du nach?»

«Über was ich nachdenke? Ich weiß noch, das hast du fast jeden Tag gefragt, als wir geheiratet hatten.»

«Woran denn?» fragte er nochmals, ein wenig gereizt.

«Oh – ich dachte gerade an die Eier unter der schwarzen Henne.» Sie stand auf und ging zu dem großen Kalender an der Wand. «Sie müssen morgen auskriechen oder vielleicht Montag.»

Es war fast dunkel, als er mit dem Rasieren fertig war und seinen blauen Serge-Anzug und die neuen Stiefel angezogen hatte. Jelka hatte das Geschirr gewaschen und weggeräumt. Als Jim durch die Küche ging, sah er, dass sie die Lampe auf den Tisch beim Fenster gestellt hatte und daneben saß und an einer braunen Wollsocke strickte.

«Warum sitzt du heute Abend hier? fragte er. «Du sitzt immer dort drüben. Manchmal machst du drollige Sachen.»

Ihre Augen hoben sich langsam von den flinken Händen. «Der Mond», sagte sie gelassen. «Du sagtest, heute wäre Vollmond. Ich möchte den Mond aufgehen sehen.»

«Du bist wohl komisch. Du kannst ihn von diesem Fenster aus nicht sehen. Ich dachte, du kennst die Himmelsrichtungen besser.»

Sie lächelte abwesend. «Dann werde ich aus dem Schlafzimmerfenster sehen.»

Jim setzte seinen schwarzen Hut auf und ging hinaus. Auf dem Weg durch den dunklen leeren Stall nahm er ein Halfter von der Raufe. Auf dem grasbewachsenen Berghang pfiff er hoch und schrill. Die Pferde hörten auf zu grasen

slowly in towards him, and stopped twenty feet away. Carefully he approached his bay gelding and moved his hand from its rump along its side and up and over its neck. The halter-strap clicked in its buckle. Jim turned and led the horse back to the barn. He threw his saddle on and cinched it tight, put his silver-bound bridle over the stiff ears, buckled the throat latch, knotted the tie-rope about the gelding's neck and fastened the neat coil-end to the saddle string. Then he slipped the halter and led the horse to the house. A radiant crown of soft red light lay over the eastern hills. The full moon would rise before the valley had completely lost the daylight.

In the kitchen Jelka still knitted by the window. Jim strode to the corner of the room and took up his 30-30 carbine. As he rammed cartridges into the magazine, he said, "The moon glow is on the hills. If you are going to see it rise, you better go outside now. It's going to be a good red one at rising."

"In a moment," she replied, "when I come to the end here." He went to her and patted her sleek head.

"Good night. I'll probably be back by noon tomorrow." Her dusky black eyes followed him out of the door.

Jim thrust the rifle into his saddle-scabbard, and mounted and swung his horse down the canyon. On his right from behind the blackening hills, the great red moon slid rapidly up. The double light of the day's last afterglow and the rising moon thickened the outlines of the trees and gave a mysterious new perspective to the hills. The dusty oaks shimmered and glowed, and the shade under them was black as velvet. A huge, long-legged shadow of a horse and half a man rode to the left and slightly ahead of Jim. From the ranches near and distant came the sound of dogs tuning up for a night of song. And the roosters crowed, thinking a new

und kamen langsam auf ihn zu und blieben zwanzig Fuß vor ihm stehen. Vorsichtig trat er zu seinem braunen Wallach und strich ihm mit der Hand von der Kruppe aus über die Seite zum Hals und daran hinauf. Die Schnalle des Halfters schnappte ein. Jim kehrte um und führte das Pferd zurück zum Stall. Er warf den Sattel auf und zog den Gurt fest an, schob das silberbeschlagene Zaumzeug über die aufgestellten Pferdeohren, machte den Kehlriemen fest, verknüpfte die Zügel über dem Nacken des Braunen und band das Zügelende an den Sattelriemen. Dann nahm er das Halfter ab und führte das Pferd zum Haus. Eine leuchtende Krone sanften roten Lichtes lag über den östlichen Bergen. Der Vollmond würde aufgehen, ehe das Tageslicht ganz aus dem Tal geschwunden war.

In der Küche saß Jelka noch am Fenster und strickte. Jim ging mit großen Schritten durchs Zimmer und nahm seinen dreißig-dreißiger Karabiner. Als er die Patronen ins Magazin schob, sagte er: «Das Mondlicht ist auf den Bergen. Wenn du sehen willst, wie er aufsteigt, geh lieber nach draußen. Er wird ganz rot aufgehen.»

«Ja, gleich», erwiderte sie, «wenn ich hier am Ende bin.» Er ging zu ihr hin und streichelte ihren glatten Kopf.

«Gute Nacht. Wahrscheinlich werde ich morgen Mittag zurück sein.» Ihre nachtschwarzen Augen folgten ihm zur Tür bis hinaus.

Jim schob den Karabiner in die Gewehrtasche, saß auf und lenkte sein Pferd hinab in den Cañon. Zur Rechten hinter den dunkel werdenden Bergen stieg der große rote Mond schnell empor. Das Zwielicht des letzten Tagesschimmers und des aufgehenden Mondes verdichtete die Umrisse der Bäume und gab den Bergen eine neue, geheimnisvolle Fernsicht. Die verstaubten Eichen schimmerten und glänzten, und das Dunkel unter ihnen war schwarz wie Samt. Der hohe, langbeinige Schatten eines Pferdes und eines halben Mannes bewegte sich links neben Jim, immer ein bisschen voraus. Von den Gehöften nah und fern hörte man die Hunde ihr Nachtlied anstimmen. Und die Hähne krähten, weil sie dachten, ein neuer Tag dämmere zu rasch herauf.

dawn had come too quickly. Jim lifted the gelding to a trot. The spattering hoofsteps echoed back from the castle behind him. He thought of blonde May at the Three Star in Monterey. "I'll be late. Maybe someone else'll have her," he thought. The moon was clear of the hills now.

Jim had gone a mile when he heard the hoof-beats of a horse coming towards him. A horseman cantered up and pulled to a stop. "That you, Jim?"

"Yes. Oh, hello, George."

"I was just riding up to your place. I want to tell you – know the springhead at the upper end of my land?"

"Yes, I know."

"Well, I was up there this afternoon. I found a dead campfire and a calf's head and feet. The skin was in the fire, half burned, but I pulled it out and it had your brand."

"The hell," said Jim. "How old was the fire?"

"The ground was still warm in the ashes. Last night I guess. Look, Jim, I can't go up with you. I've got to go to town, but I thought I'd tell you, so you could take a look around."

Jim asked quietly, "Any idea how many men?"

"No. I didn't look close."

"Well, I guess I better go up and look. I was go-ing to town too. But if there are thieves working, I don't want to lose any more stock, I'll cut up through your land if you don't mind, George."

"I'd go with you, but I've got to go to town. You got a gun with you?"

"Oh yes, sure. Here under my leg. Thanks for telling me."

"That's all right. Cut through any place you want. Good night." The neighbour turned his horse and cantered back in the direction from which he had come.

For a few moments Jim sat in the moonlight,

Jim ließ den Wallach in Trab fallen. Die klappernden Hufschläge hallten von der Sandsteinburg hinter ihm wider. Er dachte an die blonde May aus den «Drei Sternen» in Monterey. «Ich werde zu spät kommen. Vielleicht hat sie ein anderer», dachte er. Jetzt hatte sich der Mond von den Bergen gelöst.

Jim war eine Meile geritten, als er den Hufschlag eines Pferdes auf sich zukommen hörte. Ein Reiter galoppierte heran und hielt vor ihm. «Bist du's, Jim?»

«Ja. Oh, hallo, George.»

«Ich war gerade auf dem Weg zu dir. Ich muss dir was sagen – du kennst doch die Quelle an der oberen Grenze von meinem Land?»

«Ja, ich weiß.»

«Nun, ich war heute Nachmittag oben. Ich fand ein erloschenes Lagerfeuer und Kopf und Füße eines Kalbes. Das Fell war im Feuer, halbverbrannt, aber ich zog es heraus und es hatte deine Brandmarke.»

«Teufel!» sagte Jim. «Wie alt war das Feuer?»

«Der Boden unter der Asche war noch warm. Letzte Nacht, glaube ich. Also, Jim – ich kann nicht mit dir hinaufkommen. Ich muss in die Stadt, aber ich dachte, ich sollte dir's sagen, damit du dich mal umsehen kannst.»

Jim fragte ruhig: «Weißt du, wie viele es waren?»

«Nein, ich habe nicht so genau hingesehen.»

«Gut, ich glaube, ich reite lieber hinauf und sehe selber nach. Ich wollte auch in die Stadt. Aber wenn Diebe am Werk sind, möchte ich nicht noch mehr Vieh verlieren. Ich schneide den Weg ab, durch deine Felder, wenn es dir recht ist, George.»

«Ich würde mitkommen, aber ich muss in die Stadt. Hast du ein Gewehr bei dir?»

«Oh ja, klar. Hier unter meinem Bein. Danke, dass du mir's gesagt hast.»

«Schon gut. Reite überall durch, wo du willst. Gute Nacht.» Der Nachbar wendete sein Pferd und galoppierte zurück in die Richtung, aus der er gekommen war.

Eine kleine Weile blieb Jim im Mondlicht sitzen und sah

looking down at his stilted shadow. He pulled his rifle from its scabbard, levered a cartridge into the chamber and held the gun across the pommel of his saddle. He turned left from the road, went up the little ridge, through the oak grove, over the grassy hog-back and down the other side into the next canyon.

In half an hour he had found the deserted camp. He turned over the heavy, leathery calf's head and felt its dusty tongue to judge by the dryness how long it had been dead. He lighted a match and looked at his brand on the half-burned hide. At last he mounted his horse again, rode over the bald grassy hills and crossed into his own land.

A warm summer wind was blowing on the hill-tops. The moon, as it quartered up the sky, lost its redness and turned the colour of strong tea. Among the hills the coyotes were singing, and the dogs at the ranch houses below joined them with broken-hearted howling. The dark green oaks below and the yellow summer grass showed their colours in the moonlight.

Jim followed the sound of the cowbells to his herd, and found them eating quietly, and a few deer feeding with them. He listened for the sound of hoofbeats or the voices of men on the wind.

It was after eleven when he turned his horse towards home. He rounded the west tower of the sandstone castle, rode through the shadow and out into the moonlight again. Below, the roofs of his barn and house shone dully. The bedroom window cast back a streak of reflection.

The feeding horses lifted their heads as Jim came down through the pasture. Their eyes glinted red-ly when they turned their heads.

Jim had almost reached the corral fence – he heard a horse stamping in the barn. His hand jerked the gelding down. He listened. It came again, the

nieder auf seinen langgestreckten Schatten. Er zog sein
Gewehr aus der Halterung, steckte eine Patrone in die
Kammer und legte die Waffe quer über den Sattelknopf.
Er bog von der Straße nach links ab, ritt den kleinen Hang
hinan, durch das Eichengehölz, über die grasbewachsene
Kuppe und an der anderen Seite hinunter in den nächsten
Cañon.

In einer halben Stunde hatte er das verlassene Lager ge-
funden. Er drehte den schweren, ledrigen Kalbskopf um
und befühlte die staubige Zunge, um nach der Trockenheit
zu beurteilen, wie lange das Tier schon tot war. Er zündete
ein Streichholz an und betrachtete seinen Brand auf dem
halbverkohlten Fell. Schließlich stieg er wieder aufs Pferd,
ritt über die kahlen Grashügel und ritt hinüber auf sein
eigenes Gebiet.

Ein warmer Sommerwind wehte auf den Bergkuppen.
Der Mond verlor sein Rot, als er höher am Himmel stand,
und nahm die Farbe von starkem Tee an. Zwischen den
Bergen sangen die Coyoten, und die Hunde unten in den
Gehöften stimmten mit verzweifeltem Geheul ein. Die
dunkelgrünen Eichen drunten und das gelbe Sommergras
zeigten im Mondlicht ihre Farbtöne.

Jim folgte dem Klang der Kuhglocken bis zu seiner Herde
und fand sie ruhig grasend; und ein paar Stück Rotwild
grasten mit. Er horchte auf das Geräusch von Pferdehufen
oder Männerstimmen über dem Wind.

Es war nach elf, als er sein Pferd heimwärts lenkte. Er
umrundete den westlichen Turm des Sandsteinschlosses,
ritt durch den Schatten und wieder hinaus ins Mondlicht.
Unten glänzten matt die Dächer seiner Scheune und seines
Hauses. Das Fenster des Schlafzimmers warf einen Licht-
schimmer zurück.

Die weidenden Pferde hoben die Köpfe, als Jim durch die
Koppeln kam. Als sie die Köpfe wandten, glommen ihre
Augen rötlich.

Jim hatte fast den Zaun des inneren Gehöftes erreicht –
da hörte er ein Pferd im Stall stampfen. Seine Hand zügelte
den Wallach. Er horchte. Da war es wieder zu hören, dies

stamping from the barn. Jim lifted his rifle and dismounted silently. He turned his horse loose and crept towards the barn.

In the blackness he could hear the grinding of the horse's teeth as it chewed hay. He moved along the barn until he came to the occupied stall. After a moment of listening he scratched a match on the butt of his rifle. A saddled and bridled horse was tied in the stall. The bit was slipped under the chin and the cinch loosened. The horse stopped eating and turned its head towards the light.

Jim blew out the match and walked quickly out of the barn. He sat on the edge of the horse trough and looked into the water. His thoughts came so slowly that he put them into words and said them under his breath.

"Shall I look through the window? No. My head would throw a shadow in the room."

He regarded the rifle in his hand. Where it had been rubbed and handled, the black gun finish had worn off, leaving the metal silvery.

At last he stood up with decision and moved towards the house. At the steps, an extended foot tried each board tenderly before he put his weight on it. The three ranch dogs came out from under the house and shook themselves, stretched and sniffed, wagged their tails and went back to bed.

The kitchen was dark, but Jim knew where every piece of furniture was. He put out his hand and touched the corner of the table, a chair back, the towel hanger, as he went along. He crossed the room so silently that even he could hear only his breath and the whisper of his trousers legs together, and the beating of his watch in his pocket. The bedroom door stood open and spilled a patch of moonlight on the kitchen floor. Jim reached the door at last and peered through. The moonlight lay on the white bed. Jim saw Jelka lying on her back,

Stampfen im Stall. Jim hob das Gewehr und stieg schweigend aus dem Sattel. Er ließ sein Pferd laufen und schlich auf den Stall zu.

In der Dunkelheit konnte er die Zähne des Pferdes beim Heufressen mahlen hören. Er ging den Stall entlang, bis er zu der benutzten Box kam. Nachdem er einen Augenblick gelauscht hatte, entzündete er am Kolben seines Gewehres ein Schwefelholz. Ein gesatteltes und aufgezäumtes Pferd war in der Box. Das Gebiss war unters Kinn geschoben und der Sattelgurt gelockert. Das Pferd hörte auf zu fressen und wandte den Kopf dem Licht zu.

Jim blies das Schwefelholz aus und ging rasch aus dem Stall hinaus. Er setzte sich auf die Kante der Pferdetränke und schaute ins Wasser. Die Gedanken kamen ihm so langsam, dass er sie in Worte formte und die Worte leise vor sich hin sprach.

«Soll ich durchs Fenster sehen? Nein. Mein Kopf würde einen Schatten ins Zimmer werfen.»

Er betrachtete das Gewehr in seiner Hand. Wo es abgewetzt und abgegriffen war, hatte sich die schwarze Mattierung verflüchtigt, und das Metall schimmerte silbrig.

Endlich hatte er einen Entschluss gefasst; er stand auf und ging auf das Haus zu. An den Stufen prüfte sein tastender Fuß vorsichtig jedes Brett, ehe er sein Gewicht darauf legte. Die drei Hofhunde kamen unter dem Haus hervor, schüttelten und streckten sich, schnupperten, wedelten und gingen zurück auf ihr Lager.

Die Küche war dunkel, aber Jim wusste, wo jedes Möbelstück war. Er streckte die Hand aus und berührte die Ecke des Tisches, eine Stuhllehne, einen Handtuchständer, während er vorwärts ging. Er durchquerte den Raum so leise, dass sogar er selbst nur seinen Atem hören konnte und das Geräusch, mit dem sich der Stoff seiner Hosenbeine aneinander rieb, dazu das Ticken der Uhr in seiner Tasche. Die Schlafzimmertür stand offen und ließ einen Flecken Mondlicht auf den Fußboden der Küche fallen. Jim erreichte endlich die Tür und spähte hinein. Der Mondschein lag auf dem weißen Bett. Jim sah Jelka auf dem Rücken liegend;

one soft bare arm flung across her forehead and eyes. He could not see who the man was, for his head was turned away. Jim watched, holding his breath. Then Jelka twiched in her sleep and the man rolled his head and sighed – Jelka's cousin, her grown, embarrassed cousin.

Jim turned and quickly stole back across the kitchen and down the back steps. He walked up the yard to the water-trough again, and sat down on the edge of it. The moon was white as chalk, and it swam in the water, and lighted the straws and barley dropped by the horses' mouths. Jim could see the mosquito wigglers, tumbling up and down, end over end, in the water, and he could see a newt lying in the sun moss in the bottom of the trough.

He cried a few dry, hard, smothered sobs, and wondered why, for his thought was of the grassed hill-tops and of the lonely summer wind whisking along.

His thought turned to the way his mother used to hold a bucket to catch the throat blood when his father killed a pig. She stood as far away as possible and held the bucket at arm's length to keep her clothes from getting spattered.

Jim dipped his hand into the trough and stirred the moon to broken, swirling streams of light. He wetted his forehead with his damp hands and stood up. This time he did not move so quietly, but he crossed the kitchen on tiptoe and stood in the bedroom door. Jelka moved her arm and opened her eyes a little. Then the eyes sprang wide, then they glistened with moisture. Jim looked into her eyes; his face was empty of expression. A little drop ran out of Jelka's nose and lodged in the hollow of her upper lip. She stared back at him.

Jim cocked the rifle. The steel click sounded through the house. The man on the bed stirred uneasily in his sleep. Jim's hands were quivering.

sie hatte den einen weichen nackten Arm über Stirn und Augen geworfen. Wer der Mann war, konnte er nicht sehen, denn sein Kopf war abgewandt. Jim schaute mit angehaltenem Atem. Da zuckte Jelka im Schlaf, und der Mann drehte den Kopf und seufzte – es war Jelkas Vetter, der erwachsene, verlegene Vetter.

Jim kehrte um und stahl sich schnell durch die Küche, dann die rückwärtigen Stufen hinab. Er ging den Hof entlang wieder zum Wassertrog und setzte sich auf den Rand. Der Mond war weiß wie Kalk, er schwamm im Wasser und beleuchtete die Strohhalme und Gerstenkörner, die aus den Pferdemäulern gefallen waren. Jim konnte im Wasser die Tanzschwärme der Moskitos sehen, die auf und nieder und im Kreise taumelten, und erkannte einen Wassermolch, der im Sonnenmoos auf dem Grund des Troges lag.

Er schluchzte ein paarmal hart, trocken, unterdrückt, und fragte sich selbst warum, denn seine Gedanken waren bei den grasbewachsenen Höhen und dem einsamen Sommerwind, der darüberwehte.

Er dachte daran, wie seine Mutter einen Eimer zu halten pflegte, um das Blut aus der Kehle aufzufangen, wenn der Vater ein Schwein schlachtete. Sie stand so weit wie möglich entfernt und hielt das Gefäß in Armeslänge, damit ihre Kleider nicht bespritzt würden.

Jim tauchte seine Hand in den Trog und zerbrach den Mond in zitternde, wirbelnde Lichtstreifen. Er befeuchtete seine Stirn mit den nassen Händen und stand auf. Diesmal bewegte er sich nicht so behutsam, sondern ging auf Zehenspitzen durch die Küche und blieb in der Schlafzimmertür stehen. Jelka bewegte ihren Arm und öffnete die Augen ein wenig. Auf einmal riss sie die Augen weit auf, dann wurden sie glänzend feucht. Jim schaute ihr in die Augen; in seinem Gesicht war kein Ausdruck. Ein kleiner Tropfen rann aus Jelkas Nase und blieb in der Vertiefung ihrer Oberlippe liegen. Sie erwiderte starr seinen Blick.

Jim spannte den Hahn. Das Knacken des Stahls klang durchs Haus. Der Mann auf dem Bett regte sich unruhig im Schlaf. Jims Hände zitterten. Er hob das Gewehr an die

He raised the gun to his shoulder and held it tightly to keep from shaking. Over the sights he saw
the little white square between the man's brows
and hair. The front sight wavered a moment and
then came to rest.

The gunt crash tore the air. Jim, still looking
down the barrel, saw the whole bed jolt under the
blow. A small, black, bloodless hole was in the
man's forehead. But behind, the hollow-point bul-
let took brain and bone and splashed them on the
pillow.

Jelka's cousin gurgled in his throat. His hands
came crawling out from under the covers like big
white spiders, and they walked for a moment,
then shuddered and fell quiet.

Jim looked slowly back at Jelka. Her nose was
running. Her eyes had moved from him to the end
of the rifle. She whined softly, like a cold puppy.

Jim turned in panic. His boot heels beat on the
kitchen floor, but outside, he moved slowly towards the water-trough again. There was a taste of
salt in his throat, and his heart heaved painfully.
He pulled his hat off and dipped his head into the
water. Then he leaned over and vomited on the
ground. In the house he could hear Jelka moving
about. She whimpered like a puppy. Jim straight-
ened up, weak and dizzy.

He walked tiredly through the corral and into
the pasture. His saddled horse came at his whistle.
Automatically he tightened the cinch, mounted
and rode away, down the road to the valley. The
squat black shadow traveled under him. The moon
sailed high and white. The uneasy dogs barked
monotonously.

At daybreak a buckboard and pair trotted up to
the ranch yard, scattering the chickens. A deputy
sheriff and a coroner sat in the seat. Jim Moore

Schulter und hielt es fest umklammert, um das Zittern zu unterdrücken. Über Kimme und Korn sah er das kleine weiße Viereck zwischen den Augenbrauen und dem Haar des Mannes. Das Korn schwankte ein wenig, dann kam es zum Stehen.

Das Krachen des Schusses zerriss die Luft. Jim, immer noch den Lauf entlang blickend, sah das ganze Bett unter dem Schlag wanken. Ein kleines, schwarzes, blutloses Loch war in der Stirn des Mannes. Aber hinten beim Ausschuss nahm das stumpfe Geschoss Hirn und Knochen mit und verspritzte sie auf das Kissen.

Jelkas Vetter gab gurgelnde Kehllaute von sich. Seine Hände kamen wie große weiße Spinnen unter der Decke hervorgekrochen, wanderten einen Augenblick, zitterten dann und wurden still.

Jim sah langsam zurück auf Jelka. Ihre Nase lief. Ihre Augen waren von ihm zur Mündung des Gewehrlaufs geglitten. Sie jaulte leise wie ein frierender kleiner Hund.

Jim wandte sich voll Entsetzen ab. Seine Stiefelabsätze hämmerten auf den Küchenboden, aber draußen ging er langsam wieder zum Wassertrog. In seiner Kehle war ein salziger Geschmack, und sein Herz pochte schmerzhaft. Er zog den Hut herunter und tauchte den Kopf ins Wasser. Dann beugte er sich vor und erbrach sich auf die Erde. Im Haus konnte er Jelka herumgehen hören. Sie winselte wie ein Hündchen. Jim richtete sich auf, matt und schwindlig.

Er ging müde durch den Pferch und auf die Weide. Sein gesatteltes Pferd kam auf seinen Pfiff. Gedankenlos zog er den Sattelgurt an, saß auf und ritt fort, die Straße hinab zum Tal. Der plumpe schwarze Schatten ritt unter ihm mit. Der Mond zog hoch und weiß seine Bahn. Die unruhigen Hunde bellten eintönig.

Bei Tagesanbruch fuhr ein Zweispänner im Trab auf den Hof, dass die Hühner auseinanderstoben. Ein Vizesheriff und ein Untersuchungsrichter saßen im Sitz. Jim Moore

half reclined against his saddle in the wagon-box. His tired gelding followed behind. The deputy sheriff set the brake and wrapped the lines around it. The men dismounted.

Jim asked, "Do I have to go in? I'm too tired and wrought up to see it now."

The coroner pulled his lip and studied. "Oh, I guess not. We'll tend to things and look around."

Jim sauntered away towards the water-trough. "Say," he called, "kind of clean up a little, will you? You know."

The men went on into the house.

In a few minutes they emerged carrying the stiffened body between them. It was wrapped up in a comforter. They eased it up into the wagon-box. Jim walked back towards them. "Do I have to go in with you now?"

"Where's your wife, Mr Moore?" the deputy sheriff demanded.

"I don't know," he said wearily. "She's some-where around."

"You're sure you didn't kill her too?"

"No. I didn't touch her. I'll find her and bring her in this afternoon. That is, if you don't want me to go in with you now."

"We've got your statement," the coroner said. "And by God, we've got eyes, haven't we, Will? Of course there's a technical charge of murder against you, but it'll be dismissed. Always is in this part of the country. Go kind of light on your wife, Mr Moore."

"I won't hurt her," said Jim.

He stood and watched the buckboard jolt away. He kicked his feet reluctantly in the dust. The hot June sun showed its face over the hills and flashed viciously on the bedroom window.

Jim went slowly into the house, and brought

lehnte sich im Wagenkasten so halb gegen seinen Sattel. Sein müder Wallach trabte hinterher. Der Vizesheriff zog die Bremse an und wickelte die Zügel darum. Die Männer stiegen aus.

Jim fragte: «Muss ich hineingehen? Ich bin zu müde und kaputt, um es jetzt mit anzusehen.»

Der Untersuchungsrichter kniff die Lippen zusammen und dachte nach. «Ach, ich glaube nicht. Wir kümmern uns um alles und schauen uns um.»

Jim ging langsam weg, auf den Wassertrog zu. «Hören Sie», rief er, «könnten Sie nicht gleich ... bitte etwas aufräumen? Sie verstehen mich schon.»

Die Männer gingen ins Haus.

Ein paar Minuten später tauchten sie wieder auf, sie trugen den steifgewordenen Toten zwischen sich. Er war in eine Decke eingewickelt. Sie hoben ihn vorsichtig in den Kasten des Wagens. Jim kam wieder zu ihnen. «Muss ich jetzt mit Ihnen reinkommen?»

«Wo ist Ihre Frau, Mr Moore?» fragte der Vizesheriff.

«Ich weiß es nicht», sagte er müde. «Sie ist irgendwo in der Nähe.»

«Sie sind sicher, dass Sie sie nicht auch umgebracht haben?»

«Nein. Ich habe sie nicht angerührt. Ich werde sie suchen und am Nachmittag mitbringen. Das heißt, wenn Sie mich jetzt nicht mitnehmen wollen.»

«Wir haben Ihr Geständnis», sagte der Untersuchungsrichter. «Und bei Gott, wir haben auch Augen im Kopf, nicht wahr, Will? Natürlich wird formal Mordanklage gegen Sie erhoben, aber man wird sie fallen lassen. Man lässt sie immer fallen in dieser Gegend. Seien Sie nicht zu hart zu Ihrer Frau, Mr Moore.»

«Ich werde ihr nichts tun», sagte Jim.

Er stand und sah den Wagen davonholpern. Er scharrte zögernd mit dem Fuß im Staub. Die heiße Junisonne hob ihr Gesicht über die Berge und blitzte boshaft auf dem Schlafzimmerfenster.

Jim ging langsam ins Haus und brachte eine neun Fuß

out a nine-foot loaded bull whip. He crossed the yard and walked into the barn. And as he climbed the ladder to the hayloft, he heard the high, puppy whimpering start.

When Jim came out of the barn again, he carried Jelka over his shoulder. By the water-trough he set her tenderly on the ground. Her hair was littered with bits of hay. The back of her shirtwaist was streaked with blood.

Jim wetted his bandana at the pipe and washed her bitten lips, and washed her face and brushed back her hair. Her dusty black eyes followed every move he made.

"You hurt me," she said. "You hurt me bad."

He nodded gravely. "Bad as I could without killing you."

The sun shone hotly on the ground. A few blowflies buzzed about, looking for the blood.

Jelka's thickened lips tried to smile. "Did you have any breakfast at all?"

"No," he said. "None at all."

"Well, then, I'll fry you up some eggs." She struggled painfully to her feet.

"Let me help you," he said. "I'll help you get your shirtwaist off. It's drying stuck to your back. It'll hurt."

"No. I'll do it myself." Her voice had a peculiar resonance in it. Her dark eyes dwelt warmly on him for a moment, and then she turned and limped into the house.

Jim waited, sitting on the edge of the water-trough. He saw the smoke start out of the chimney and sail straight up into the air. In a very few moments Jelka called him from the kitchen door.

"Come, Jim, your breakfast."

Four fried eggs and four thick slices of bacon lay on a warmed plate for him. "The coffee will be ready in a minute," she said.

lange, bleibeschwerte Viehpeitsche heraus. Er überquerte den Hof und ging in das Stallgebäude. Als er die Leiter zum Heuboden hinaufstieg, hörte er von neuem das hohe, hündische Winseln.

Als Jim aus dem Stall kam, trug er Jelka über der Schulter. Beim Wassertrog setzte er sie vorsichtig auf die Erde. In ihrem aufgelösten Haar hingen Heuhalme. Ihre Bluse war hinten blutverschmiert.

Jim befeuchtete sein Taschentuch am Wasserrohr, kühlte ihre zerbissenen Lippen, wusch ihr das Gesicht und strich ihr das Haar zurück. Ihre stumpfen schwarzen Augen folgten jeder Bewegung, die er machte.

«Du hast mir weh getan», sagte sie. «Du hast mir sehr weh getan.»

Er nickte ernst. «So sehr ich konnte, ohne dich totzuschlagen.»

Die Sonne schien heiß auf den Boden. Ein paar Schmeißfliegen surrten herum, sie suchten das Blut.

Jelkas geschwollene Lippen versuchten zu lächeln. «Hast du denn schon gefrühstückt?»

«Nein», sagte er, «überhaupt nicht.»

«Gut, dann werde ich dir ein paar Eier braten.» Sie versuchte mühsam, auf die Füße zu kommen.

«Lass mich helfen», sagte er. «Ich werde dir helfen, die Bluse auszuziehen. Sie klebt sonst an deinem Rücken an. Das wird weh tun.»

«Nein. Das mache ich selbst.» Ihre Stimme hatte einen besonderen Klang. Ihre dunklen Augen ruhten eine Sekunde warm auf ihm, und dann wandte sie sich um und hinkte ins Haus.

Auf der Kante des Wassertroges sitzend wartete Jim. Er sah, wie der Rauch aus dem Kamin fuhr und steil in die Luft schwebte. In wenigen Augenblicken rief ihn Jelka aus der Küchentür.

«Komm, Jim, dein Frühstück.»

Vier gebratene Eier und vier dicke Scheiben Schinkenspeck lagen für ihn auf einem angewärmten Teller. «In einer Minute wird der Kaffee fertig sein», sagte sie.

"Won't you eat?"

"No. Not now. My mouth's too sore."

He ate his eggs hungrily and then looked up at her. Her black hair was combed smooth. She had on a fresh white shirtwaist. "We're going to town this afternoon," he said. "I'm going to order lumber. We'll build a new house farther down the canyon."

Her eyes darted to the closed bedroom door and then back to him. "Yes," she said. "That will be good." And then, after a moment, "Will you whip me any more – for this?"

"No, not any more, for this."

Her eyes smiled. She sat down on a chair beside him, and Jim put out his hand and stroked her hair and the back of her neck.

«Willst du nicht essen?»

«Nein. Jetzt nicht. Mein Mund tut zu weh.»

Er verzehrte hungrig die Eier, dann schaute er auf zu ihr. Das schwarze Haar war glatt gekämmt. Sie hatte eine frische weiße Bluse an. «Wir fahren heute Nachmittag zur Stadt», sagte er. «Ich werde Holz bestellen. Wir werden weiter unten im Cañon ein neues Haus bauen.»

Ihre Augen schossen zu der geschlossenen Schlafzimmertür und kamen dann zu ihm zurück. «Ja», sagte sie. «Das wird gut sein.» Und dann nach einer Weile: «Wirst du mich nochmal schlagen – deswegen?»

«Nein, deswegen nicht mehr.»

Ihre Augen lächelten. Sie setzte sich auf einen Stuhl neben ihn, und Jim streckte die Hand aus und streichelte ihr Haar und ihren Nacken.

James Thurber: The Departure of Emma Inch

Emma Inch looked no different from any other
middle-aged, thin woman you might glance at in
the subway or deal with across the counter of some
small store in a country town, and then forget forever. Her hair was drab and unabundant, her face
made no impression on you, her voice I don't remember – it was just a voice. She came to us with
a letter of recommendation from some acquain-
tance who knew that we were going to Martha's
Vineyard for the summer and wanted a cook. We
took her because there was nobody else, and she
seemed all right. She had arrived at our hotel in
Forty-fifth Street the day before we were going to
leave and we got her a room for the night, because
she lived way uptown somewhere. She said she
really ought to go back and give up her room, but
I told her I'd fix that.

   Emma Inch had a big scuffed brown suitcase with
her, and a Boston bull terrier. His name was Feely.
Feely was seventeen years old and he grumbled
and growled and snuffled all the time, but we needed a cook and we agreed to take Feely along with
Emma Inch, if she would take care of him and keep
him out of the way. It turned out to be easy to keep
Feely out of the way because he would lie grous-
ing anywhere Emma put him until she came and
picked him up again. I never saw him walk. Emma
had owned him, she said, since he was a pup. He
was all she had in the world, she told us, with a mist
in her eyes. I felt embarrassed but not touched. I
didn't see how anybody could love Feely.

   I didn't lose any sleep about Emma Inch and Feely
the night of the day they arrived, but my wife did.
She told me next morning that she had lain awake
a long time thinking about the cook and her dog,
because she felt kind of funny about them. She

James Thurber: Die Abreise von Emma Inch

Emma Inch sah nicht anders aus als jede andere magere Frau mittleren Alters, die man in der Untergrundbahn sieht, mit der man über dem Ladentisch eines kleinen Geschäftes in einer Landstadt zu tun hat, und die man dann für immer vergisst. Ihr Haar war graubraun und spärlich, ihr Gesicht machte einem keinen Eindruck, an ihre Stimme erinnere ich mich nicht – es war eben eine Stimme. Sie kam zu uns mit einem Empfehlungsbrief von einem Bekannten, der wusste, dass wir für den Sommer nach Martha's Vineyard gingen und eine Köchin brauchten. Wir nahmen sie, weil keine andere da war, und sie schien ganz ordentlich. Sie war am Tage, ehe wir abreisen wollten, in unser Hotel in der Fünfundvierzigsten Straße gekommen, und wir nahmen ihr ein Zimmer für die Nacht, weil sie irgendwo weit stadtauswärts wohnte. Sie sagte, sie müsse unbedingt zurückgehen und ihr Zimmer aufgeben, aber ich sagte ihr, ich würde das erledigen.

Emma Inch hatte einen großen abgenutzten braunen Koffer bei sich und einen Boston-Bullterrier. Sein Name war Feely. Feely war siebzehn Jahre alt, und er brummte und knurrte und schnaubte die ganze Zeit, aber wir brauchten eine Köchin und waren einverstanden, Feely mit Emma Inch in Kauf zu nehmen, wenn sie ihn selbst versorgen und ihn uns aus dem Wege halten würde. Es stellte sich heraus, dass es leicht war, Feely aus dem Weg zu halten, denn er blieb leise knurrend liegen, wo Emma ihn hingelegt hatte, bis sie kam und ihn wieder aufnahm. Ich sah ihn niemals laufen. Emma besaß ihn, seit er ein Welpe war, sagte sie. Er war alles, was sie auf der Welt besaß, erzählte sie uns mit feuchten Augen. Ich war verlegen, aber nicht gerührt, denn ich verstand nicht, wie man Feely lieben konnte.

Mir raubten Emma Inch und Feely in der Nacht des Tages, an dem sie ankamen, keinen Schlaf, wohl aber meiner Frau. Sie sagte mir am nächsten Morgen, dass sie lange wach gelegen und über die Köchin und ihren Hund nachgedacht habe, weil sie ihr so ein sonderbares Gefühl einflößten. Sie

didn't know why. She just had a feeling that they were kind of funny. When we were all ready to leave – it was about three o'clock in the afternoon, for we had kept putting off the packing – I phoned Emma's room, but she didn't answer. It was getting late and we felt nervous – the Fall River boat would sail in about two hours. We couldn't understand why we hadn't heard anything from Emma and Feely. It wasn't until four o'clock that we did. There was a small rap on the door of our bedroom and I opened it and Emma and Feely were there, Feely in her arms, snuffing and snaffling, as if he had been swimming a long way.

My wife told Emma to get her bag packed, we were leaving in a little while. Emma said her bag *was* packed, except for her electric fan, and she couldn't get that in. "You won't need an electric fan at the Vineyard," my wife told her. "It's cool there, even during the day, and it's almost cold at night. Besides, there is no electricity in the cottage we are going to." Emma Inch seemed distressed. She studied my wife's face. "I'll have to think of something else then," she said. "Mebbe I could let the water run all night." We both sat down and looked at her. Feely's asthmatic noises were the only sounds in the room for a while. "Doesn't that dog ever stop that?" I asked, irritably. "Oh, he's just talking." said Emma. "He talks all the time, but I'll keep him in my room and he won't bother you none." "Doesn't he bother you?" I asked. "He would bother me," said Emma, "at night, but I put the electric fan on and keep the light burning. He don't make so much noise when it's light, because he don't snore. The fan kind of keeps me from noticing him. I put a piece of cardboard, like, where the fan hits it and then I don't notice Feely so much. Mebbe I could let the water run in my room all night instead of

wusste nicht warum. Sie hatte bloß das Gefühl, dass sie irgendwie komisch seien. Als wir alle bereit waren, abzureisen – es war gegen drei Uhr nachmittags, denn wir hatten das Packen immer wieder aufgeschoben – rief ich in Emmas Zimmer an, aber sie antwortete nicht. Es wurde spät und wir wurden nervös – das Schiff nach Fall River sollte in etwa zwei Stunden abgehen. Wir konnten nicht verstehen, warum wir nichts von Emma und Feely gehört hatten. Dies geschah erst gegen vier. Es klopfte leise an unserer Schlafzimmertür; ich öffnete sie, und Emma und Feely waren da, Feely in ihren Armen, schnüffelnd und schnaufend, als wäre er einen langen Weg geschwommen.

Meine Frau sagte zu Emma, sie solle ihren Koffer packen, wir müssten in einer kleinen Weile fort. Emma sagte, ihr Koffer sei gepackt, bis auf ihren elektrischen Ventilator, den sie nicht hineinkriegen könne. «Sie werden auf der Insel keinen elektrischen Ventilator brauchen», sagte meine Frau zu ihr. «Es ist kühl dort, sogar tagsüber, und nachts ist es fast kalt. Außerdem gibt's keinen Strom in dem Häuschen, in dem wir wohnen werden.» Emma Inch schien betrübt. Sie studierte das Gesicht meiner Frau. «Dann muss ich mir etwas anderes ausdenken», sagte sie. «Vielleicht könnte ich die ganze Nacht das Wasser laufen lassen.» Wir setzten uns beide hin und sahen sie an. Feelys asthmatische Geräusche waren das einzige, was eine Weile im Zimmer zu hören war. «Hört denn der Hund nie damit auf?» fragte ich nervös. «Oh, er redet doch nur», sagte Emma. «Er redet die ganze Zeit, aber ich werde ihn in meinem Zimmer behalten, und er wird Sie überhaupt nicht stören.» «Stört er Sie denn nicht?» fragte ich. «Er würde mich stören», sagte Emma, «nachts, aber ich lasse den elektrischen Ventilator laufen und das Licht brennen. Wenn es hell ist, macht Feely nicht so viel Lärm, weil er dann nicht schnarcht. Und der Ventilator hält mich sozusagen davon ab, ihn zu hören. Ich bring ein Stück Pappe an, dass er dran streift, dann merke ich Feely nicht so sehr. Vielleicht könnte ich in meinem Zimmer die ganze Nacht das Wasser laufen lassen, statt des Ventilators.» Ich sagte «Hm» und

the fan." I said "Hmmm" and got up and mixed a drink for my wife and me – we had decided not to have one till we got on the boat, but I thought we'd better have one now. My wife didn't tell Emma there would be no running water in her room at the Vineyard.

"We've been worried about you, Emma," I said. I phoned your room but you didn't answer." " I never answer the phone," said Emma, "because I always get a shock. I wasn't there anyways. I couldn't sleep in that room. I went back to Mrs McCoy's on Seventy-eighth Street." I lowered my glass. "You went back to Seventy-eighth Street last *night?*" I demanded. "Yes, sir," she said. "I had to tell Mrs McCoy I was going away and wouldn't be there any more for a while – Mrs McCoy's the landlady. Anyways, I never sleep in a hotel." She looked around the room. "They burn down," she told us.

It came out that Emma Inch had not only gone back to Seventy-eighth Street the night before but had walked all the way, carrying Feely. It had taken her an hour or two, because Feely didn't like to be carried very far at a time, so she had had to stop every block or so and put him down on the sidewalk for a while. It had taken her just as long to walk back to our hotel, too; Feely, it seems, never got up before afternoon – that's why she was so late. She was sorry. My wife and I finished our drinks, looking at each other, and at Feely.

Emma Inch didn't like the idea of riding to Pier 14 in a taxi, but after ten minutes of cajoling and pleading she finally got in. "Make it go slow," she said. We had enough time, so I asked the driver to take it easy. Emma kept getting to her feet and I kept pulling her back onto the seat. "I never been in an automobile before," she said. "It goes awful fast." Now and then she gave a little squeal

stand auf und mischte einen Whisky Soda für meine Frau und mich – wir hatten beschlossen, keinen mehr zu trinken, ehe wir an Bord gingen; aber ich fand es richtig, jetzt einen zu trinken. Meine Frau sagte Emma nicht, dass auf dem Weinberg kein fließendes Wasser in ihrem Zimmer sein würde.

«Wir haben uns um Sie gesorgt, Emma», sagte ich. «Ich habe in Ihrem Zimmer angerufen, aber Sie haben nicht geantwortet.» «Ich geh' nie zum Telefon», sagte Emma, «weil es mich immer erschreckt. Außerdem war ich nicht da. Ich konnte in dem Zimmer nicht schlafen. Ich ging wieder zu Mrs McCoy in die Achtundsiebzigste Straße.» Ich ließ mein Glas sinken. «Sie sind am *Abend* in die Achtundsiebzigste Straße zurückgegangen?» «Ja, Sir», sagte sie. «Ich musste doch Mrs McCoy sagen, dass ich verreisen und eine Zeitlang nicht hier sein werde – Mrs McCoy ist die Vermieterin. Außerdem schlafe ich nie in einem Hotel.» Sie sah sich im Zimmer um. «Da brennt es immer», erklärte sie uns.

Es stellte sich heraus, dass Emma Inch nachts zuvor nicht nur zu Fuß zur Achtundsiebzigsten Straße gegangen war, sondern auch noch den ganzen Weg Feely getragen hatte. Sie hatte ein oder zwei Stunden dazu gebraucht, weil Feely sich nicht gern eine weite Strecke auf einmal tragen ließ, deshalb hatte sie an so ziemlich jedem Block stehen bleiben und ihn ein Weilchen auf dem Bürgersteig absetzen müssen. Genau so lange hatte sie gebraucht, um zu unserem Hotel zurückzukommen; Feely stand anscheinend nie vor Nachmittag auf – deshalb war es so spät geworden. Es tat ihr leid. Meine Frau und ich tranken aus, sahen uns an und sahen Feely an.

Der Gedanke, in einem Taxi zum Pier 14 zu fahren, war Emma nicht angenehm, aber nach zehn Minuten Zureden und Bitten stieg sie schließlich ein. «Lassen Sie langsam fahren», sagte sie. Wir hatten genug Zeit, und so sagte ich dem Fahrer, er könne sich Zeit lassen. Emma sprang immer wieder auf und ich zog sie immer wieder zurück auf ihren Sitz. «Ich bin noch nie in einem Automobil gefahren», sagte sie, «es fährt schrecklich schnell.» Ab und zu stieß sie einen

of fright. The driver turned his head and grinned. "You're O.K. wit' me, lady," he said. Feely growled at him. Emma waited until he had turned away again, and then she leaned over to my wife and whispered. "They all take cocaine," she said. Feely began to make a new sound – a kind of high, agonized yelp. "He's singing," said Emma. She gave a strange little giggle, but the expression of her face didn't change. "I wish you had put the Scotch where we could get at it," said my wife.

If Emma Inch had been afraid of the taxicab, she was terrified by the *Priscilla* of the Fall River Line. "I don't think I can go," said Emma. "I don't think I could get on a boat. I didn't know they were so big." She stood rooted to the pier, clasping Feely. She must have squeezed him too hard, for he screamed – he screamed like a woman. We all jumped. "It's his ears," said Emma. "His ears hurt." We finally got her on the boat, and once aboard, in the saloon, her terror abated somewhat. Then the three parting blasts of the boat whistle rocked lower Manhattan. Emma Inch leaped to her feet and began to run, letting go of her suitcase (which she had refused to give up to a porter) but holding onto Feely. I caught her just as she reached the gangplank. The ship was on its way when I let go of her arm.

It was a long time before I could get Emma to go to her stateroom, but she went at last. It was an inside stateroom, and she didn't seem to mind it. I think she was surprised to find that it was like a room, and had a bed and a chair and a washbowl. She put Feely down on the floor. "I think you'll have to do something about the dog," I said. "I think they put them somewhere and you get them when you get off." "No, they don't," said Emma. I guess, in this case, they didn't. I don't know. I shut the door on Emma Inch and Feely, and went

kleinen Angstschrei aus. Der Fahrer wandte den Kopf und grinste. «Frollein, bei mir sind Sie okay», sagte er. Feely knurrte ihn an. Emma wartete, bis er sich wieder abgewandt hatte, dann beugte sie sich vor zu meiner Frau und flüsterte. «Die nehmen alle Kokain», sagte sie. Feely machte ein neues Geräusch – eine Art hohes, gequältes Kläffen. «Er singt», sagte Emma. Sie gab ein sonderbares leises Gekicher von sich, der Ausdruck ihres Gesichtes aber änderte sich nicht. «Ich wünschte, du hättest den Whisky so eingepackt, dass wir 'ran könnten», sagte meine Frau.

Wenn Emma Inch vor dem Taxi Angst gehabt hatte, so war sie von der «Priscilla» der Fall River Linie entsetzt. «Ich glaube nicht, dass ich mit kann», sagte Emma, «ich glaube nicht, dass ich auf ein Schiff gehen kann. Ich wusste nicht, dass sie so groß sind.» Sie stand festgewurzelt auf dem Pier, Feely unter den Arm geklemmt. Sie drückte ihn wohl zu fest, denn er kreischte – er kreischte wie eine Frau. Wir fuhren alle auf. «Es sind seine Ohren», sagte Emma. «Die Ohren tun ihm weh.» Endlich brachten wir sie auf das Schiff; und einmal an Bord und im Salon, legte sich ihr Schrecken ein wenig. Dann erschütterten die drei Abfahrtssignale der Schiffssirene das untere Manhattan. Emma Inch sprang auf die Füße und fing an zu rennen – ihren Koffer ließ sie fallen (sie hatte sich geweigert, ihn einem Träger zu geben), aber Feely hielt sie fest. Ich erwischte sie gerade noch, als sie die Laufplanke erreichte. Das Schiff war schon in Fahrt, als ich ihren Arm losließ.

Es dauerte lange, bis ich Emma dazu brachte, in ihre Kabine zu gehen, aber endlich ging sie. Es war ein nach innen gelegener Raum, aber das schien sie nicht übel zu nehmen. Ich glaube, sie war überrascht, dass er wie ein Zimmer war und ein Bett und einen Stuhl und ein Waschbecken enthielt. Sie setzte Feely herunter auf den Fußboden. «Ich denke, Sie müssen etwas unternehmen wegen des Hundes», sagte ich. «Ich glaube, man sperrt die Hunde irgendwo ein und Sie bekommen ihn wieder, wenn Sie aussteigen.» «Nein, das tut man nicht», sagte Emma. Ich glaube, in diesem Fall tat man es wirklich nicht. Ich weiß es nicht. Ich schloss die Tür

away. My wife was drinking straight Scotch when I got to our state-room.

The next morning, cold and early, we got Emma and Feely off the *Priscilla* at Fall River and over to New Bedford in a taxi and onto the little boat for Martha's Vineyard. Each move was as difficult as getting a combative drunken man out of the night club in which he fancies he has been insulted. Emma sat in a chair on the Vineyard boat, as far away from sight of the water as she could get, and closed her eyes and held Feely. She had thrown a coat over Feely not only to keep him warm but to prevent any of the ship's officers from taking him away from her. I went in from the deck at intervals to see how she was. She was all right, or at least all right for her, until five minutes before the boat reached the dock at Woods Hole, the only stop between New Bedford and the Vineyard. Then Feely got sick. Or at any rate Emma said he was sick. He didn't seem to me any different from what he always was – his breathing was just as abnormal and irregular. But Emma said he was sick. There were tears in her eyes. "He's a very sick dog, Mr Thurman," she said. "I'll have to take him home." I knew by the way she said "home" what she meant. She meant Seventy-eighth Street.

The boat tied up at Woods Hole and was motionless and we could hear the racket of the deckhands on the dock loading freight. "I'll get off here," said Emma, firmly, or with more firmness, anyway, than she had shown yet. I explained to her that we would be home in half an hour, that everything would be fine then, everything would be wonderful. I said Feely would be a new dog. I told her people sent sick dogs to Martha's Vineyard to be cured. But it was no good. "I'll have to take him off here," said Emma. "I always have to take him home when he is sick." I talked to her eloquently

hinter Emma Inch und Feely und ging meiner Wege. Meine
Frau trank Whisky pur, als ich in die Kabine kam.

Am nächsten Morgen – es war früh und kalt – schafften
wir Emma und Feely in Fall River von der «Priscilla» herunter und brachten sie in einem Taxi nach New Bedford und
auf den kleinen Dampfer, der nach Martha's Vineyard fuhr.
Jeder Schritt war so mühselig, als schaffte man einen rauf-
lustigen Betrunkenen aus dem Nachtklub, wo er meint
beleidigt worden zu sein. Emma saß in dem Dampfer zur
Insel auf einem Stuhl, so weit außer Sicht des Wassers
wie nur möglich, schloss die Augen und hielt Feely umklammert. Sie hatte einen Mantel über Feely geworfen, nicht nur
um ihn warm zu halten, sondern auch um zu verhindern,
dass einer der Schiffsoffiziere ihn ihr wegnähme. Ich ging
von Zeit zu Zeit vom Deck hinein, um nach ihrem Befinden
zu sehen. Ihr ging es gut, oder wenigstens für ihre Verhält-
nisse gut, bis fünf Minuten, ehe das Boot das Dock von
Woods Hole erreichte, die einzige Anlegestelle zwischen
New Bedford und der Insel. Dann wurde Feely krank.
Oder jedenfalls sagte Emma, er sei krank. Mir kam er nicht
anders vor als sonst – sein Atem war genau so unnatürlich
und unregelmäßig. Aber Emma sagte, er sei krank. Sie
hatte Tränen in den Augen. «Er ist ein sehr kranker Hund,
Mr Thurman», sagte sie. «Ich muss ihn nach Hause bringen.» Die Art, wie sie «nach Hause» sagte, machte mir klar,
was sie meinte. Sie meinte «Achtundsiebzigste Straße».

Das Boot legte bei Woods Hole an und lag ganz still, und
wir konnten den Lärm der Dockarbeiter hören, die die
Fracht einluden. «Ich werde hier aussteigen», sagte Emma
fest – oder wenigstens mit mehr Festigkeit, als sie bisher
gezeigt hatte. Ich erklärte ihr, dass wir in einer halben
Stunde zu Hause wären, dass nachher alles sehr schön,
alles wunderbar sein würde. Feely würde geradezu ein
neuer Hund werden. Ich sagte ihr, die Leute schickten
kranke Hunde nach Martha's Vineyard um sie auszuheilen.
Aber das half alles nichts. «Ich muss ihn hier wegbringen»,
sagte Emma. «Ich muss ihn immer nachhause bringen,
wenn er krank ist.» Ich schilderte ihr mit bewegten Worten

about the loveliness of Martha's Vineyard and the nice houses and the nice people and the wonderful accommodations for dogs. But I knew it was useless. I could tell by looking at her. She was going to get off the boat at Woods Hole.

"You really can't do this," I said, grimly, shaking her arm. Feely snarled weakly. "You haven't any money and you don't know where you are. You're a long way from New York. Nobody ever got from Woods Hole to New York alone." She didn't seem to hear me. She began walking toward the stairs leading to the gangplank, crooning to Feely. "You'll have to go all the way back on boats," I said, "or else take a train, and you haven't any money. If you are going to be so stupid and leave us now, I can't give you any money." "I don't want any money, Mr Thurman," she said. "I haven't earned any money." I walked along in irritable silence for a moment; then I gave her some money. I made her take it. We got to the gangplank. Feely snaffled and gurgled. I saw now that his eyes were a little red and moist. I know it would do no good to summon my wife – not when Feely's health was at stake. "How do you expect to get home from here?" I almost shouted at Emma Inch as she moved down the gangplank. "You're way out on the end of Massachusetts." She stopped and turned around. "We'll walk," she said. "We like to walk, Feely and me." I just stood still and watched her go.

When I went up on deck, the boat was clearing for the Vineyard. "How's everything?" asked my wife. I waved a hand in the direction of the dock. Emma Inch was standing there, her suitcase at her feet, her dog under one arm, waving good-bye to us with her free hand. I had never seen her smile before, but she was smiling now.

die Lieblichkeit der Insel, die hübschen Häusern und die netten Leute, und wie wunderbar man dort Hunde unterbringen könne. Aber ich wusste, es war nutzlos. Man brauchte sie nur anzusehen. Sie würde in Woods Hole von Bord gehen.

«Aber nein, das können Sie nicht», sagte ich grimmig und schüttelte sie am Arm. Feely knurrte schwach. «Sie haben kein Geld, und Sie wissen nicht, wo Sie sind. Sie sind weit weg von New York. Kein Mensch ist je allein von Woods Hole nach New York gelangt.» Sie schien mich nicht zu hören. Sie begann auf die Stufen zuzugehen, die zur Gangway führten, und sprach dabei zärtlich klagend auf Feely ein. «Sie müssen den ganzen Weg per Schiff zurück», sagte ich, «oder aber mit dem Zug, und Sie haben kein Geld. Wenn Sie so dumm sind und uns jetzt im Stich lassen, kann ich Ihnen kein Geld geben.» «Ich möchte kein Geld, Mr Thurman», sagte sie. «Ich habe kein Geld verdient.» In gereiztem Schweigen ging ich ein Stück weiter, dann gab ich ihr etwas Geld. Ich drängte es ihr auf. Wir gingen zur Gangway. Feely schnaufte und gurgelte. Ich sah jetzt, dass seine Augen ein bisschen rot und feucht waren. Ich wusste, es hatte keinen Sinn, meine Frau zu Hilfe zu rufen – nicht, wenn Feelys Gesundheit auf dem Spiel stand. «Wie wollen Sie denn von hier nach Hause kommen?» schrie ich Emma Inch fast an, als sie die Gangway hinunterging. «Sie sind am äußersten Ende von Massachusetts.» Sie blieb stehen und wandte sich um. «Wir werden zu Fuß gehen», sagte sie. «Wir gehen gern zu Fuß, Feely und ich.» Ich stand da und sah ihr nach.

Als ich aufs Deck ging, machte das Schiff klar zur Weiterfahrt nach Martha's Vineyard. «Nun, wie steht's?» fragte meine Frau. Ich deutete mit der Hand zum Dock hinüber. Dort stand Emma Inch, den Koffer zu ihren Füßen, den Hund unter einem Arm, und winkte uns mit ihrer freien Hand Lebewohl zu. Ich hatte sie noch nie lächeln sehen, aber jetzt lächelte sie.

The ship *Trumpeter* which left London for Australia in the early eighteenth century with a hundred convicts and their families on board never reached its destination and no report of any survivor nor of any identified object connected with it ever reached the world.

The ship's company did not entirely perish, however. The captain and the greater part of the crew were drowned in the storm that wrecked the vessel; many of the passengers and most of the children died in the hardships of the first few weeks thereafter; but finally over a hundred persons reached an island on the west coast of Australia. These survivors settled down upon the island which they promptly christened "England," but which in a few generations of oral transmission became "Inglan." In time the ingenuity of the colonists had established an agreeable mode of living; a church, a school, a parliament, and even a theater had come into being, and within a hundred years the population had more than doubled. It was greatly reduced in 1870, however, by an obscure disease which attacked the community, probably through some disproportion in the ingredients of the islanders' diet. A few years later the population was again diminished by the loss of a dozen of the ablest men who ventured in a rough-hewn boat to visit an island which could be occasionally seen at sunrise on the northern horizon.

In 1880 a castaway reached the colony, a Finnish sailor, who had been drifting for many days in an open boat. It was several years before he learned sufficient English to tell the Inglaners about the outside world, a hazy account of the Napoleonic Wars, of an English queen, and detailed information about Baltic politics. This Finnish sailor never

Thornton Wilder: Das Kriegsschiff

Das Schiff «Trompeter», das Anfang des achtzehnten Jahrhunderts mit hundert Sträflingen und ihren Familien an
Bord von London nach Australien auslief, erreichte niemals
seinen Bestimungsort, und kein Bericht von einem Überlebenden oder einem zum Schiff gehörenden feststellbaren
Gegenstand erreichte je die Welt.

Jedoch die Menschenfracht des Schiffes ging nicht völlig
zugrunde. Der Kapitän und der größere Teil der Mannschaft
ertranken bei dem Unwetter, welches den Segler vernichte-
te; viele Passagiere und die meisten Kinder starben an den
Strapazen der ersten darauffolgenden Wochen; aber endlich erreichten doch über einhundert Menschen eine Insel
an der Westküste Australiens. Diese Überlebenden siedelten
sich auf der Insel an und tauften sie sogleich «England»,
woraus aber in einigen Generationen mündlicher Überliefe-
rung «Inglan» wurde. Mit der Zeit hatte die Findigkeit der
Kolonisten ihrem Leben eine recht erträgliche Form gegeben; es entstanden eine Kirche, eine Schule, ein Rathaus,
sogar ein Theater, und innerhalb von hundert Jahren hatte
sich die Bevölkerung mehr als verdoppelt. Jedoch wurde sie
1870 stark verringert durch eine unbekannte Krankheit,
welche die Gemeinde ergriff – wahrscheinlich infolge eines
Missverhältnisses in den Grundbestandteilen der Inselkost.
Wenige Jahre später trat wieder eine Verminderung der
Einwohnerzahl ein, und zwar durch Verlust von zwölf ihrer
besten Männer, die das Wagnis unternahmen, in einem
grobgezimmerten Schiff eine Insel zu besuchen, die man
manchmal bei Sonnenaufgang am nördlichen Horizont
erblicken konnte.

Im Jahre 1880 landete ein Schiffbrüchiger in der Siedlung, ein finnischer Seemann, der viele Tage in einem offenen Boot getrieben war. Es dauerte mehrere Jahre, bis er
genügend Englisch konnte, um den Inglanern etwas von der
«Welt da draußen» zu erzählen: einen verschwommenen
Bericht von den Napoleonischen Kriegen, von einer engli-
schen Königin und genauen Einzelheiten aus der baltischen

recovered from the ill effects of his exposure and
died in the sixth year of his life on the island.
No other visitor ever reached Inglan; no ship was
ever sighted in the distance; and presently the
Inglaners lost interest in maintaining the distress
signal on the peak that rose behind their settle-
ment.

In the original company of the shipwrecked there
had been only a few men and women who were
able, even imperfectly, to read, write, and compute,
and they were already aged by the time the community came to feel a need for written records and
had devised a substitute for paper on which to in-
scribe them. At the same time the colony was seiz-
ed with a passion for recovering the lore of the outside world and particularly for anything connected
with religion. Official scribes were appointed
and all who could remember a passage or even
a phrase from the Bible or the hymns contributed
their share. In this way a brief anthology was com-
mitted to writing, in- cluding a synopsis of the *Pil-
grim's Progress*, some fragments from the marriage
and burial services, and a number of English and
Scotch ballads. To this library the islanders went to
school, where they likewise were given accounts
of such things as animals, grains, and utensils.
Geography consisted of vague maps of the world
and the British Isles and detailed descriptions of
London, Plymouth, and Bristol. At the beginning
of the nineteenth century a gifted musician arose
who fashioned himself some instruments and on
the basis of the songs that had been retained made
some new ones. Soon after a poet declared himself
and versified copiously. A young woman who had
gazed long at squares and triangles deduced the
first books of Euclid from them and a school of
mathematicians flourished for half a century.

Up to the time of the epidemic of 1870 the health

Politik. Dieser finnische Seemann erholte sich nie von den schlimmen Wirkungen seines Schiffbruchs und starb im sechsten Jahr seines Lebens auf der Insel. Kein anderer Gast kam je nach Inglan; nie ward ein Schiff in der Ferne gesichtet; bald verloren die Inglaner das Interesse an der Instandhaltung des Notsignals auf der Bergspitze, die sich hinter ihrer Siedlung erhob.

In der ersten Gemeinschaft der Schiffbrüchigen gab es nur wenige Männer und Frauen, die – notdürftig genug – schreiben, lesen und rechnen konnten, und sie waren schon betagt um die Zeit, als die Gemeinschaft ein Bedürfnis nach niedergeschriebenen Berichten verspürte und einen Papierersatz erfunden hatte, um sie darauf niederzulegen. Zur gleichen Zeit bemächtigte sich der ganzen Kolonie eine Leidenschaft für die Wiedererlangung einer Kunde von der «Welt da draußen», besonders für alles, was irgendwie mit Religion verbunden war. Man bestellte amtliche Schreiber, und alle, die eine Stelle oder auch nur einen Satz aus der Bibel oder dem Hymnenbuch kannten, trugen ihr Teil dazu bei. Auf diese Weise entstand eine kurze Sammlung, die auch einen knappen Abriss der «Pilgerfahrt» und einige Bruchstücke aus dem Trau- und Sterbe-Gottesdienst enthielt, dazu eine Anzahl englischer und schottischer Balladen. Mit dieser «Bibliothek» gingen die Insulaner zur Schule, wo sie ebenso auch über andere Dinge – Tiere, Getreidearten, Gerätschaften – unterrichtet wurden. Die Geographie bestand aus einigen undeutlichen Landkarten der Welt und der Britischen Inseln sowie aus genauen Schilderungen von London, Plymouth und Bristol. Zu Beginn des neunzehnten Jahrhunderts erwuchs aus ihrer Mitte ein begabter Musiker, der sich einige Instrumente herstellte und auf der Grundlage der noch erhaltenen Lieder ein paar neue schuf. Bald darauf offenbarte sich einer als Dichter und schrieb eine Unmenge Verse. Eine junge Frau, die lange Zeit Quadrate und Dreiecke betrachtet hatte, leitete daraus die ersten Bücher des Euklid ab, und ein halbes Jahrhundert lang stand eine Schule von Mathematikern in Blüte.

Bis 1870, als die Epidemie kam, war die Gesundheit der

of the community had been excellent, but thereafter it declined rapidly. The uniformity of the diet
and the increasing bonds of consanguinity had a
part in this, but chiefly a psychological factor that
was an effect of the shut-in-ness of the island existence. The colonists were not aware of any desire to
leave Inglan and view the outside world, yet they
felt themselves lost, abandoned of God, and aimless.
Vigorous personalities arose from time to time who
found the opportunities and problems of even this
restricted existence sufficient to justify a human
dignity, but the majority relapsed into a fretful and
listless submission to the passing of time. A large
proportion of the children died at birth or grew up
sickly, unsocial, excentric, and quarrelsome. A fer-
mented drink was brewed from the fruits on the
island and intemperance became universal. But
most strikingly of all, in spite of the small size of
the territory and in spite of the fact that every
colonist was many times the cousin of his neighbor, the Inglaners divided themselves into frac-
tions and lived in an atmosphere of distrust that
frequently came to a head in strife and bloodshed.

In 1910 there were only twelve adults living under civilization in Lunnon itself and they no longer
made efforts to reclaim the few hermits who had
withdrawn themselves to the remoter parts of the
island. Jonh Weever, the captain of Inglan, as he
was called, tried strenuously to inspirit his community; he offered rewards for inventions, for
writings, and for feats of skill. His eldest son, Roja,
felt the incitement beyond the others and never
tired of contriving improvements for the island;
but at the same time he distressed his father by con-
tinued speculation as to the nature of the outside
world. To Captain Jonh the existence of the outside world was a matter lost in myth, tradition,
and hearsay. Report said that hundreds, even thou-

Gemeinschaft ausgezeichnet gewesen, dann aber verfiel sie rasch. Teils war die einförmige Ernährung und die zunehmende Blutsverwandtschaft schuld daran, hauptsächlich aber ein seelischer Faktor, eine Folge der Abgeschlossenheit des Insellebens. Die Kolonisten verspürten keinen Wunsch, Inglan zu verlassen und die Außenwelt zu sehen, dennoch fühlten sie sich verloren, von Gott verstoßen und ohne Lebenszweck. Von Zeit zu Zeit erhoben sich kraftvolle Persönlichkeiten, denen die Möglichkeiten und Probleme selbst dieses eingeengten Daseins genügten, um ihre Menschenwürde zu rechtfertigen, aber die Mehrheit versank in eine mürrische und lustlose Resignation gegenüber dem Ablauf der Zeit. Verhältnismäßig viele Kinder starben bei der Geburt oder wuchsen kränklich, ungesellig, überspannt und streitsüchtig heran. Man braute aus den Früchten der Insel ein Gärungsgetränk, und bald war die Unmäßigkeit allgemein. Doch was am verblüffendsten schien: obwohl das Gebiet so klein war, und ungeachtet des Umstandes, dass jeder Kolonist auf vielfache Weise mit seinem Nachbarn verwandt war, spalteten sich die Inglaner in Parteien und lebten in einer Atmosphäre des Misstrauens, die sich oftmals in Streit und Blutvergießen entlud.

Im Jahre 1910 lebten nur noch zwölf Erwachsene ein bürgerliches Leben in Lunnon selbst, und sie bemühten sich nicht mehr, die wenigen Einsiedler wiederzuholen, die sich in die entlegenen Teile der Insel zurückgezogen hatten. Jonh Weever, der Kapitän von Inglan, wie er genannt wurde, versuchte tapfer, seiner Gemeinde Lebensmut einzuflößen, er setzte Belohnungen aus für Erfindungen, für Schriften, für geschickte Leistungen. Sein ältester Sohn, Roja, ging mehr als alle anderen auf diese Anregungen ein und wurde nicht müde, Verbesserungen für die Insel zu ersinnen, zugleich aber machte er seinem Vater Sorgen durch sein unaufhörliches Spekulieren über die Natur der «Welt da draußen». Für Kapitän Jonh war das Vorhandensein jener Welt etwas, was sich in Sage, Tradition und Hörensagen verlor. Es hieß, dass Hunderte, ja Tausende menschlicher Wesen dort in Be-

sands, of human beings lived there in dwellings of extraordinary size and beauty. Roja dreamed of finding a way to such a world, or of the possibility of such a world's coming of Inglan. Captain Jonh would sigh into his beard, shaking his head at such thoughts. "Whether that world be still there," he would say, "whether it be better than our own or worser; how far away it lies – these things we cannot know, neither be we like to know. The best thing for us to do, my son, is not to beat our heads about them, but to do our duty where we be." But Roja would not be put off. He stirred up the men of Lunnon to renew the huge distress signal on the peak. It was long and tedious work, but for a time the islanders were filled with an unaccustomed excitement. The storms of the next two rainy seasons, however, tore the great structure down, and even when Roja became captain in his father's place he made no effort to rebuild it.

One night when he had put his sons and daughters to bed and made the rounds of Lunnon, Captain Roja descended to the water's edge and sat down, gazing across the sea. He turned over in his mind the destiny that had placed him there, the depleted colony, the rancorous spirit of his subjects, the difference that lay between today and the glorious days that his grandfather had described to him, and he thought of the days that lay ahead when his children would have survived him. And as he sat thinking a strange sight appeared before him. A great ship came around the headland, hung with lights, festooned with two great rows of lights from stem to stern. Music came from it and the sound of shouting. Clouds of smoke hung in the quiet air behind it. Fore and aft two great skeleton turrets rose into the stars. For a moment Captain Roja thought of lighting a bonfire or setting fire to St Paul's, but he paused. The vision was

hausungen von außerordentlicher Größe und Schönheit lebten. Roja aber träumte davon, einen Weg zu einer solchen Welt zu finden, oder gar von der Möglichkeit, dass Inglan sich zu einer solchen Welt entwickeln könne. Dann seufzte Kapitän Jonh in seinen Bart und schüttelte den Kopf über solche Gedanken. «Ob jene Welt noch vorhanden ist», sagte er oft, «ob sie besser oder schlechter ist als die unsere; wie weit entfernt sie liegt – diese Dinge können wir nicht wissen und wir werden sie wohl auch nie wissen. Das Beste, mein Sohn, was wir tun können, ist, uns nicht die Köpfe darüber zu zerbrechen, sondern an unserem Platz unsere Pflicht zu tun.» Aber so ließ sich Roja nicht abspeisen. Er brachte die Männer von Lunnon dazu, das große Notsignal auf dem Berg wieder aufzurichten. Es war eine lange und beschwerliche Arbeit, doch sie erfüllte die Inglaner eine Zeit lang mit ungewohnter Erregung. Aber die Unwetter der beiden nächsten Regenzeiten rissen den großen Bau nieder, und als Roja an seines Vaters Stelle Kapitän wurde, bemühte auch er sich nicht um den Wiederaufbau.

Eines Abends, als er seine Söhne und Töchter zu Bett geschickt hatte und seine Runde durch Lunnon machte, stieg Kapitän Roja hinab zum Strand, setzte sich nieder und schaute aufs Meer hinaus. Er sann über das Schicksal nach, das ihn an diesen Platz gestellt hatte, über die entvölkerte Kolonie, die Bosheit seiner Untergebenen, den Unterschied zwischen heute und jenen glorreichen Tagen, die sein Großvater ihm geschildert hatte, und er dachte an die kommenden Tage, wenn seine Kinder ihn überlebt haben würden. Als er so saß und sann, erschien ein seltsamer Anblick vor seinen Augen. Ein großes Schiff kam um das Vordergebirge, mit Lichtern behangen, vom Vorder- bis zum Achtersteven mit zwei großen Reihen von Lichtern geschmückt. Musik klang herüber und der Ton menschlicher Stimmen. Rauchwolken hingen in der stillen Luft hinter dem Schiff. Vorn und achtern ragten zwei große Turmskelette auf zu den Sternen. Einen Augenblick lang dachte Kapitän Roja daran, ein Freudenfeuer zu entzünden oder die Kirche St. Paul in Brand zu stecken, aber er besann sich. Der Anblick war schön, aber

beautiful, but terrible. He knew that neither himself nor his companions could live in that world; all that power and energy was troubling and remote. He sat down again and watched the marvel pass into the distance, and the other shadowy forms that had gathered on the slope behind him gazed and trembled and went in silence to their homes.

schrecklich. Er wusste, dass weder er noch seine Gefährten in einer solchen Welt leben konnten; all jene Macht und jene Kraft war beängstigend und lag ihnen fern. Er setzte sich wieder hin und ließ das Wunder in der Ferne vorüberziehen, und die anderen schattenhaften Gestalten, die sich am Uferhang hinter ihm gesammelt hatten, starrten hinaus und zitterten und gingen schweigend in ihre Häuser.

Die sieben von Maria von Schweinitz übersetzten Erzählungen erschienen erstmals 1956 in einem zweisprachigen Band des Verlages
Langewiesche-Brandt. Für eine von dessen späteren Auflagen hat
Theo Schumacher 1966 die Übersetzung durchgesehen. In dieser Fas-
sung erschien das Buch 1973 als Band 9003 in der Reihe dtv zweisprachig des Deutschen Taschenbuch Verlages. Es war dort in immer
neuen Auflagen bis 1996 im Programm. Für die Neuausgabe hat
Moritz Kirsch die Übersetzungen nochmals durchgesehen. Drei neue
Erzählungen von Autoren der gleichen Generation wurden hinzu-
genommen. Die genaue Copyright-Situation ist in den folgenden bio-
bibliographischen Notizen vermerkt.

Bio-bibliographische Notizen

SHERWOOD ANDERSON, geboren 1876 in Camden (Ohio), gestorben
1941, auf einer Reise, in Colon (Panama), erzählt von einfachen, oft
dumpfen, getriebenen Menschen. Seine Novellensammlung *Winesburg,
Ohio* (der unsere Erzählung entnommen ist) machte ihn berühmt
und zu einer Autorität für die jüngeren Autoren seiner Zeit, u.a. für
William Faulkner und Ernest Hemingway. Er hat auch Romane geschrieben, aber seine Stärke sind Erzählungen; Sammelbände: *Triumph
of the egg, Horses and men, Death in the woods*. © Viking Penguin/
Penguin Putnam Inc. Bergenfield NJ. Lizenz über Langewiesche-
Brandt.

ERSKINE CALDWELL, geboren 1903 bei White Oak (Ga.), gestorben 1987
in Paradise Valley (Ariz.), stellt in seinen Romanen, oft mit makabrem
Humor, das Elend, den Rassenhass, den Alkoholismus, die geistige
und sexuelle Perversität der Entrechteten in den Südstaaten dar.
Bücher u.a.: *Tobacco road, God's little acre, This very earth, Summer-
time island*. © James Brown Ass., New York. Lizenz durch Mohrbooks,
Zürich, über Langewiesche-Brandt.

WILLIAM FAULKNER, geboren 1897 in New Albany (Miss.), gestorben
1962 in Oxford (Miss.), stammte aus einer aristokratischen Südstaaten-
familie. Hauptthema seiner Werke ist der geistig-kulturelle Nieder-
gang des amerikanischen Südens. Räume und Gestalten entstammen

der eigenen Erfahrung des Autors; sein Erzählen beabsichtigt und bewirkt aber eine allgemeinere Gültigkeit, wobei das äußere Geschehen nicht so wichtig ist wie Spiegelungen im Bewusstsein. Bücher u.a.: *Sartoris, Light in August, Absalom, Absalom!, Go down, Moses, Requiem for a nun;* Die Snopes-Trilogie *The hamlet, The town, The mansion;* Erzählungen. Nobelpreis für Literatur 1949. © The New Yorker Magazine Inc., New York. Lizenz von Random House, New York, über Langewiesche-Brandt.

F. Scott Fitzgerald, geboren 1896 in St. Paul (Minn.), gestorben 1940 in Hollywood (Calif.) ist – wie Hemingway, aber in denkbar anderer Ausprägung – ein Vertreter der «lost generation». Sein Interesse gilt einerseits (zeitlebens) dem wurmstichig gewordenen Geldadel, andererseits der Glamour-Welt der Filmemacher und den Prohibition-Flüsterkneipen, deren berühmter Chronist er ist. Bücher u.a. *This side of Paradise, The beautiful an the damned, The great Gatsby, Tender ist the night.* Kurzgeschichtenbände *Flappers and philosophers, Tales of the Jazz Age, All the sad young men, Taps and Reveille.* Copyright 1940 by Esquire, Inc. Copyright renewed 1968 by Frances Scott Fitzgerald Smith. Lizenz durch Liepman AG, Zürich. Deutsche Publikation mit Zustimmung des Diogenes Verlages, Zürich, wo die Erzählung in anderer Übersetzung erschienen ist.

Ernest Hemingway, geboren 1899 in Oak Park (Ill.), gestorben 1961 in Ketchum (Id.) diente im 1. Weltkrieg als Sanitätsfreiwilliger an der italienischen Front, schloss sich 1929 in Paris an Gertrude Stein und Ezra Pound an, war Reporter im Spanischen Bürgerkrieg und bei der Invasion in Frankreich. Er ist ein Repräsentant der – durch den Zusammenbruch der bürgerlichen Maßstäbe – «verlorenen Generation». In der Liebe, im Krieg, in der Jagd sieht er die Möglichkeiten einer stolzen Selbstbehauptung in einer sonst fast sinnlos gewordenen Welt. Bücher u.a. *The sun also rises (Fiesta), A farewell to arms, To have and not, For whom the bell tolls, The old man and the sea.* Viele Kurzgeschichten, darunter der Band *In our time,* in dem unsere Erzählung steht. Nobelpreis für Literatur 1954. Aus *49 Stories,* Copyright © 1950, 1977 by Rowohlt Verlag GmbH, Reinbek bei Hamburg. Copyright © 1925 Charles Scribner's Sons. Renewal copyright © 1953 Ernest Hemingway.

THORNTON WILDER, geboren 1897 in Madison (Wis.), gestorben 1975 in Hamden bei New Haven (Conn.), Sohn eines Konsuls, verbrachte seine Jugend in China, war Lehrer, dann Professor in Chicago und Harvard. Er schrieb – stets aus christlich-humanistischem Geist – Romane in der Tradition der europäischen Erzählkunst z.B. *The bridge of San Luis Rey, The Ides of March, The woman of Andros, Heaven's my destination* und experimentell moderne Theaterstücke z.B. *Our town, The skin of our teeth (Wir sind noch einmal davongekommen)*. Friedenspreis des Deutschen Buchhandels 1957. © The Yale Literary Magazine, New Haven (Conn.). Lizenz vom S. Fischer Verlag, Frankfurt am Main, über Langewiesche-Brandt.